文化財に泊まる。

偏愛はな子

CONTENTS

週末ゆったり小旅行
長野・福島

人気温泉地に光る名宿
静岡・神奈川

いつもの街の特別な宿

東京・千葉・埼玉

文化財の宿を読み解くキーワード

注

・本書において「文化財」とは、国および都道府県等の地方自治体が指定・選定・登録・認定する文化的価値のある歴史的建造物や町並み群等を指し、本書ではその文化財を有するあるいはその地域内にある宿を紹介しています。

・本書に掲載した内容は、2025年1月現在のものです。ただし施設の開館状況や価格、料理や展示物等の情報は、季節等諸条件によって変わる場合があります。

・本書に記載の宿泊費は基本的に2名1室利用時1名分、消費税・サービス料込み、宿泊税・入湯税別、商品料金については基本的に消費税込の価格です。ただし季節等諸条件によって変わる場合がありますので、予め公式WEBサイト等で確認されることをおすすめします。

STAFF

写　　真　鍵岡龍門

デザイン　木下恭子（ohmae-d）

イラスト　寺坂耕一

週末ゆったり小旅行

長野・福島

- BYAKU Narai（長野・奈良井）
  文化財のまちあるき［奈良井宿］
- 向瀧（福島・会津）
- 湯田中温泉 よろづや（長野・湯田中）
- 別所温泉 旅館 花屋（長野・上田）
- Satoyama villa 本陣（長野・松本）
- 万平ホテル（長野・軽井沢）

奈良井宿
花野
めんぱ
&
漆の器

長野・奈良井

BYAKU Narai

BYAKU Narai

国・選定重要伝統的建造物群保存地区

木曽が抱える11の宿場町のなかで最も標高が高く、最も栄えたと言われる奈良井宿。約1km続く町並みは、現存する宿場町では日本最長で、往時の面影が今も色濃く残る。

230年以上続いた
蔵元をコンバージョン
杉の森

かつては「木曽五大銘酒」と呼ばれた由緒ある酒蔵。暖簾をくぐると、フロントとラウンジ。

江戸の宿場町に、暮らすように泊まる。

「木曽路はすべて山の中にある」。奈良井宿を訪れると、その一節が心にすとんと落ちる。通りの左右には江戸時代の町並みが残り、視線を上げれば山と空。現代的な造形はほとんどなく、約四百年間、宿場町として栄えた面影が色濃く残る。

ここに点在する旧酒蔵や土蔵を改築し、唯一無二の宿にしたのが「BYAKU Narai」だ。創業一七九三年の酒蔵「杉の森酒造」、曲物《まげもの》職人の住居であった「豊《ほ》飯《い》豊《ほ》衣《い》民宿」、築百五十年超の土蔵をもつ「小白木問屋」、そして一棟貸し切りの「寺前住居」と、用途も間取りも異なる四棟を、全十六室の客室としてよみがえらせた。

チェックイン後は散策へ。夜の静寂や朝の澄んだ空気を味わえるのも、泊まるからこその贅沢だ。

1

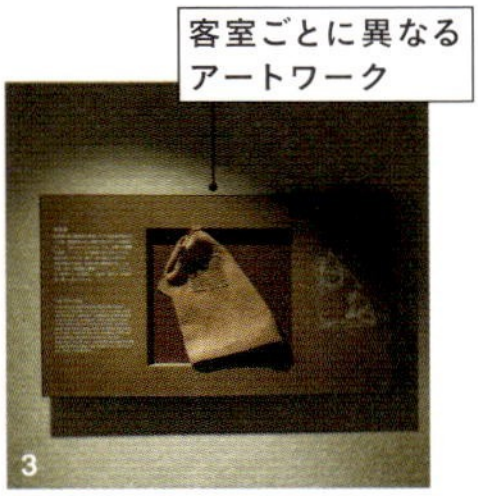

3

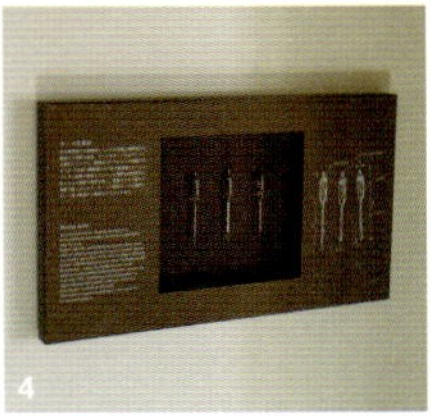

4

1,2.蔵吉屋・103号室。元酒蔵の敷地に建つ建造物を、8つの客室に。1階は吹き抜けのある土間空間。土壁や梁には煙で燻された跡が。2階には寝室や浴室、デスクなど。
3,4.酒蔵にちなんだアートワークがあちこちに。

2

KEY

重要伝統的建造物群保存地区：城下町、宿場町、門前町など全国に残る歴史的な集落や町並みの保存を図り、国が選定する。令和6年8月15日現在、106市町村で129地区がある。

酒粕でつくった
入浴剤

歳吉屋・104号室は縁側と内庭付き。茶室だった場所は半露天風呂に。周囲に高い建物がないため、木曽の山々が望める。

デスク付きで
ワーケーションにも◎

KEY

木曽五木《きそごぼく》**：**檜、サワラ、アスナロ、ネズコ、コウヤマキを指す。江戸時代から良質な木材の産地である木曽だが、資源枯渇を危惧した尾張藩による保護政策で、伐採を禁じた五種。現在では木曽の名産品。

上,右. 土蔵として漆器を格納していた蔵吉屋・108号室は、箱箪笥で2階に繋がるメゾネット。ほの暗さを生かした客室は、非日常感が味わえると人気。

下. 湧水を引き込んだ温浴施設。檜などの木曽五木が一面に貼られ、木の香りを楽しめる。

木曽五木で
香り付けした
クラフトジン

カウンターの
奥には窯の跡
5

5. 朝夕食はレストランで。日本酒のほか、塩尻名産のワインなど、食事に合わせたペアリングも充実。カウンター奥には、酒米を仕込んでいた窯の跡が。

7

酒蔵のタンクを
見ながら食事
6

6. 今も奥は酒蔵として活用している。運がよければ、ガラス越しに日本酒の仕込み風景が見られる。**7.** 上下階から剥き出しの梁が眺められる。

コース料理の中の一品。その日に手に入る野菜や野草を10種類以上使い、それぞれの特製に合わせて調理した繊細な一皿。

伝統工芸の器でいただく新郷土料理

食事は、酒蔵を改修したレストラン「嵓《くら》」で。

夕食は和のコース。日本料理の炊き合わせの技法を用いたり、木曽の麹店が仕立てた味噌パウダーを使ったりと、日本の郷土に根付く奥深いメニューが特徴だ。新鮮な地元食材も豊富に取り入れ、彩り豊か。木目の美しい木曽漆器など、器やカトラリーにもこだわっている。

アクセス：JR奈良井駅より徒歩5分（長野県塩尻市奈良井551）
電話：0264-34-3001
IN：15:00　**OUT**：11:00
客室数：16室　**お子様**：可
おひとり様：可
1泊2食付き：￥40,000 ～
登録：塩尻市奈良井（国・選定重要伝統的建造物群保存地区）

文化財のまちあるき

#01

1978年に重要伝統的建造物群保存地区（重伝建地区）に選定された奈良井宿。タイムスリップしたような街並みは、JR奈良井駅側の下町《しもまち》から仲町《なかまち》、上町《かみまち》と約1キロ続く。

①土《とおいち》

木曽路のいいもの、職人手作りの一点ものを集めた工芸品の店。店舗は、木曽五木のひとつである椹と和紙を使って、古民家を店主自ら改修した。

奈良井宿・木曽の大橋

⑤斉藤漆器店

綿や麻縄で巻き上げ漆で仕上げる縄目漆器《なわめしっき》の工芸品が並ぶ。オーダーメイドも可。

⑥BYAKU Narai

江戸時代から残る商家や蔵などを宿として再生。▶ p.6

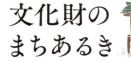

国・指定重要文化財

④ 上《かみ》問《とい》屋《や》資料館

江戸時代を通じて、奈良井宿の要職を代々務めた手塚家。木曽地方における問屋の特徴的建造物として姿を留め、古文書や工芸品など400点余りを展示する。

③ 笹屋酒店

180年超の建物で酒屋として約100年営業。「木曽路」「中乗さん」等の地酒のほか、地ワイン、地焼酎等が季節毎に並ぶ。

② 喫茶たなかや

木曽の清水で淹れた珈琲と、秘伝の味噌だれを使った五平餅が絶品。

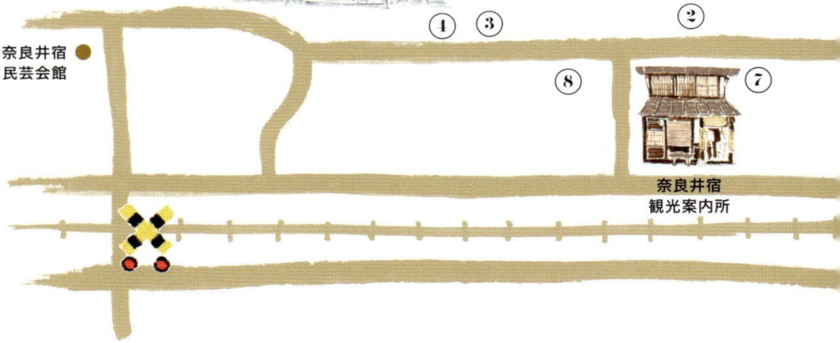

⑧ 日野百草本舗 奈良井宿店

江戸時代から伝わる胃腸薬「百草丸」をはじめ、生薬を使った関連製品や名産品を販売。

⑦ 上原うるし工房 松坂屋

その昔、木曽物と言われ女性に大変もてはやされた塗り櫛の販売他、日用漆器、土産物の販売。

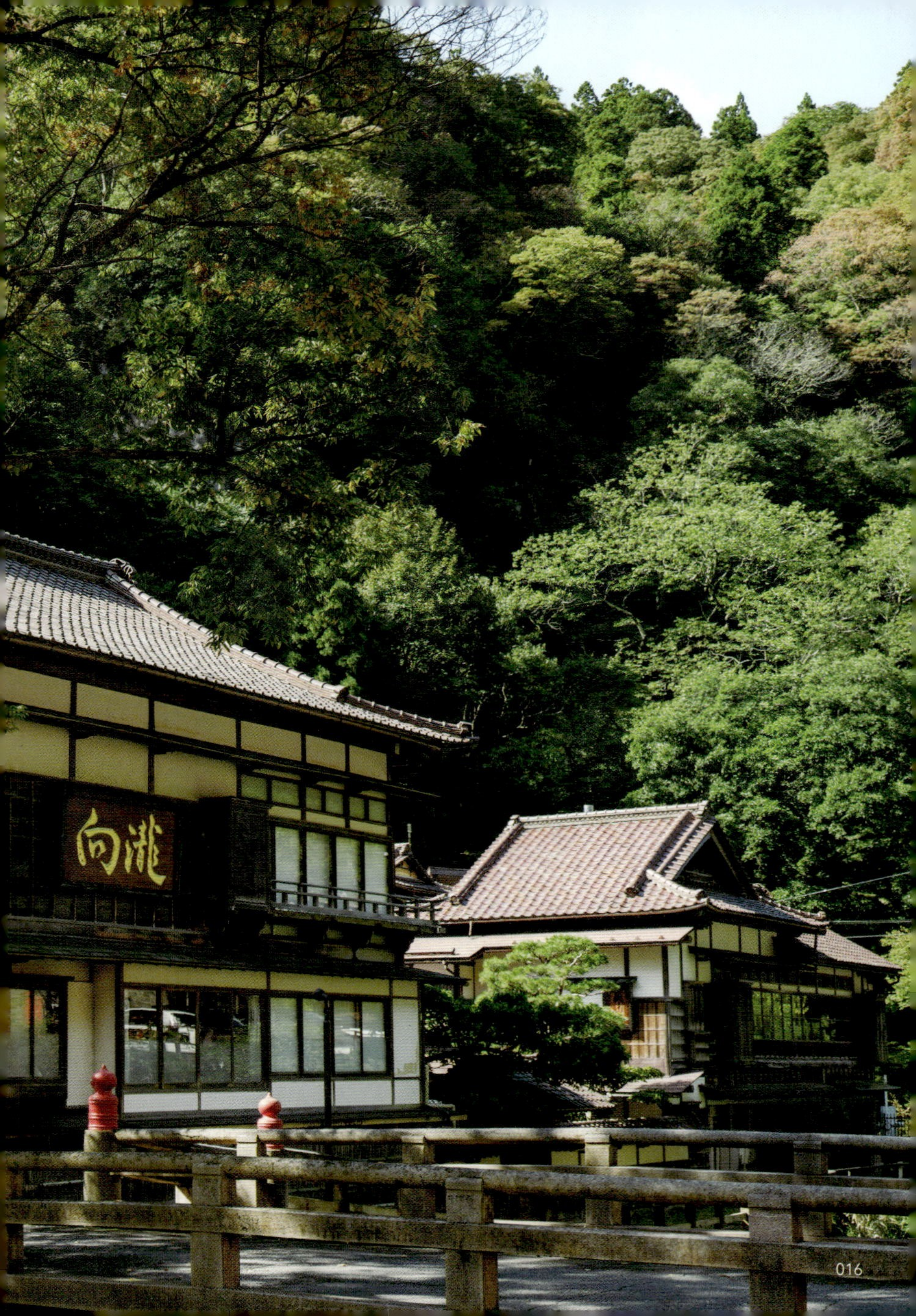
向瀧

福島・会津

向瀧

Mukaitaki

国・登録有形文化財
登録記念物（名勝地）

向瀧を象徴する赤瓦葺《あかかわらぶき》入母屋《いりもや》屋根《やね》の玄関棟。赤い擬宝珠のついた橋を渡ると、奥深い山々へ誘うように、地形に沿って建物が連なっている。

創業150年余り。会津藩に愛された
国・登録有形文化財第一号の宿。

会津の奥座敷として知られる東《ひがし》山温泉《やまおんせん》。その山間に包まれる宿、向瀧は、会津藩の湯治場だった建物を、明治六年に平田家が引き継ぎ、旅館として開業。当時の職人技術が結集した好例として、国の登録有形文化財の第1号物件となった。

なかでも目を引くのは「宮内庁指定、各皇族方お泊りの御殿」と記された、一棟貸切の「はなれの間」。由緒正しい書院造りで、床《とこ》に違《ちが》い棚《だな》を備えた続き間は格式の高さを感じさせる。専用風呂には、優美な湾曲加工を施した折上げ格天井に、さりげなく軒換気が仕込まれ、機能美と意匠の粋を極めた職人技が光る。

あたたかいおもてなしと美しい建築、たっぷりの温泉を思い出し、「また行きたい」と思わず呟きたくなる宿なのだ。

KEY
違《ちが》い棚《だな》：床脇《とこわき》（床の間の脇の空間）につけられる棚の一種で、二枚の棚板を左右段違いにつないだもの。また、二枚のあいだにある短い柱を海老塚、上の板の端につく化粧縁を筆返しという。

1.客室棟が庭をコの字に囲む。2.小説家の浅田次郎氏が「龍が昇るような形で建てられた名建築」と表現した連続棟。地元会津の職人と関東の宮大工が技を競い建築した。3.2024年に庭も国の登録記念物に。春は桜、夏は蛍、秋はもみじ、冬は雪見ろうそくなど四季折々の景色が楽しめる。

会津桐の柾目《まさめ》一枚板を使った格天井は、現在では再現できない貴重なもの。舞台は檜《ひのき》がもつ共鳴作用を使って音を響かせる。

4, 5.館内随所に職人の技が残る。**6**.桔梗や水仙など、客室名にちなんだ意匠も。**7**.天然石と木材を組み合わせた階段。**右**.節目と割れのない一本杉の軒桁など客室までの廊下や階段も見どころ。

KEY

柾目《まさめ》：木材の中心付近を切ったときに現れる、直線的な木目。一本の木から切り出せる量が少ない。

回り廊下に囲まれた特別室「はなれの間」。美しい庭園を間近で望む贅沢な空間だ。

左.「はなれの間」専用の源泉かけ流しの浴室。格式高い折上げ格天井に軒換気を忍ばせ、排水溝も目立たない設計。**上**.チェックインは客室で。お抹茶と手作りの水羊羹でほっと一息。

源泉かけ流し
大理石浴槽「さるの湯」

上.すべて源泉かけ流し。男女合わせて7か所あり混雑しにくい。貸切家族風呂は予約不要＆無料で使え、朝9時半まで一晩中利用可能。**左**.三代目が駅からソリに乗せて運んだと言う大理石の彫刻が見事な「さるの湯（男湯）」。

「きつね湯」の天井には
国産蛭石の彫刻

右.会津藩上級武士の保養所時代から愛されている「きつね湯」。床に張られた六角形のタイルは、滑らかな踏み心地。**上**.大理石を削り出して造った3ボウル状の洗面台。

KEY

蛭石《ひるいし》**：**バーミキュライト。軽く、保温性、耐火性、保水性に優れる。天井に大きく施したのは、湯気のしたたりを防ぐ効果があるため。

料理は地元会津の食材を使うこだわり。戊辰戦争でも食べられたという鯉の甘煮は、持ち帰りも可能。

お部屋でいただく会津伝統料理「鯉の甘煮」

会津の郷土料理として知られる鯉料理。なかでも砂糖をたっぷりと使用した「鯉の甘煮」は、向瀧の伝統の一品だ。川魚と聞くと躊躇するかもしれないが、臭みはなく、こっくりと深みのある味わいに驚かされる。

朝夕とも部屋食なのも嬉しいポイント。向瀧限定の純米酒「美《び》酒《しゅ》佳《か》肴《こう》」と合わせれば、至福の味わいに心がほどける。

アクセス：会津若松駅より周遊バス「ハイカラさん」「あかべぇ」東山温泉駅下車、徒歩90秒
電話：0242-27-7501
IN：15:00〜17:30　**OUT：**10:00
客室数：24室　**お子様：**可
おひとり様：可
1泊2食付き：￥25,300〜
登録：向瀧玄関、はなれ、客室棟2棟（国・登録有形文化財）、回遊式日本庭園（国・登録記念物（名勝地））

長野・湯田中

湯田中温泉 よろづや

Yudanakaonsen Yorozuya

国・登録有形文化財

昭和28年に完成した桃山風呂は純木造伽藍《がらん》建築。浴槽は楕円形で、縁や床は稲田石《いなだいし》製。天井は折上《おりあ》げ格天井《ごうてんじょう》。

1．浴室面積200㎡、浴槽40㎡の桃山風呂。利用は宿泊客のみ（日帰り入浴はナシ）で、男女入れ替え制。2.社寺建築などで用いられる梁の一種、虹梁《こうりょう》が各所につく。3.全国でも珍しい100%温泉の蒸し風呂（サウナ）。設計当時から残り、今なお現役。

4.総木造の磨き上げられた脱衣室。扁額《へんがく》にある「洒心《さいしん》」とは、身体だけでなく心も洗うという意味。無料の桃山風呂見学ツアーもるので、ぜひ参加したい。5.見事な彫物欄間。数枚に渡って雉《きじ》の一生を表している。6.下駄箱前の三和土《たたき》には、水車の歯車を埋め込んだ箇所も。

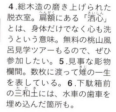

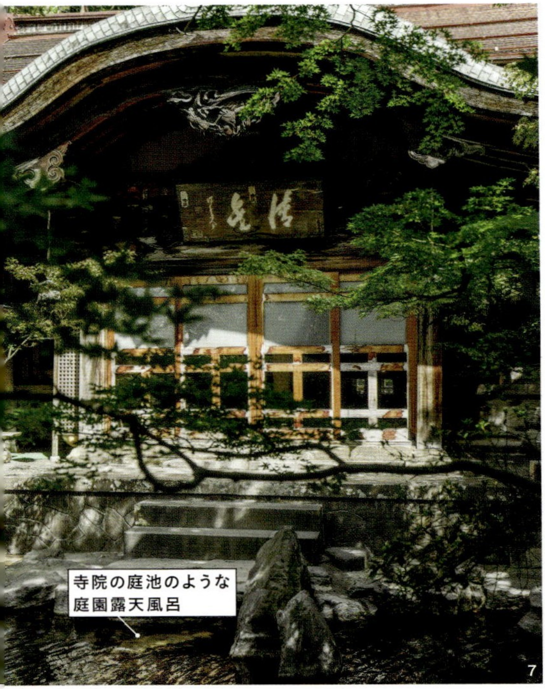

7．露天風呂から桃山風呂方向を見る。周りには木々が生い茂り、心地よい自然と建築美を楽しめる。8.本館には、２種のサウナと水風呂を備えるプライベートスパも。天然温泉100％の蒸気を浴びる「温泉スチームサウナ」は、約70度と低温で、温泉の効能が染みわたると人気。

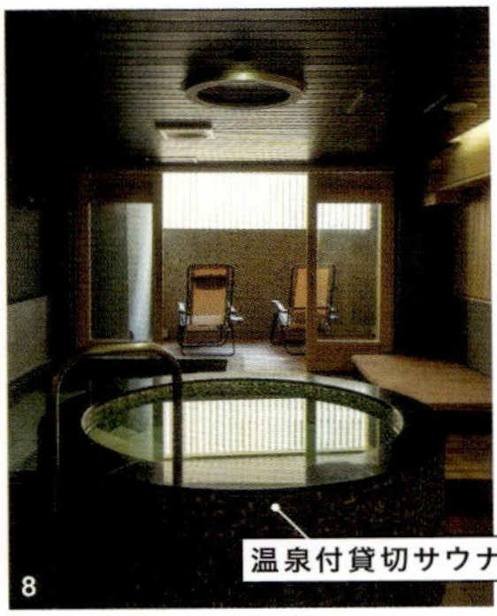

荘厳な建築と温泉に、身を沈める。

一歩足を踏み入れた瞬間、その迫力に言葉を失うはずだ。戦後、「湯田中温泉に名物風呂を」との願いで、約三年かけ建てられた「桃山風呂」。設計者、沖津清が安土桃山時代の純木造伽藍建築様式を取り入れた荘厳な湯処は、よろづやの名を広めるきっかけとなった。

見上げれば、木目の美しい折上げ格天井。菱欄間《ひしらんま》や彫物《ほりもの》欄間を要所に配し、梁には社寺建築の技法を用いる。湯に浸かれば、まるで寺院にいるかのようだ。石段を上がり外に出れば、野趣あふれる露天風呂。振り返れば雄大な唐破風が建物を覆う。

湯上がりは、本館ロビーを散策したい。志賀高原の唐松を思わせるコンクリートの柱と、和風の天井が調和したモダン建築を堪能できる。

KEY
欄間《らんま》：天井と鴨居の間に、格子や透かし彫りの板などを取り付けた開口部のこと。採光や通風の機能に装飾も兼ね、さまざまな意匠や形状がある

9.重厚な木とコンクリートが調和した本館ロビー。壁面を飾るのは、豊臣秀吉が狩野永徳に描かせた「唐獅子図屏風」の模写。毛利家が手放したものを、よろづやが収蔵した。**10**.階段を上がると2階のロビーラウンジへ。**11**.ロビーラウンジには松本民芸家具のインテリアが並ぶ。セルフサービスのソフトドリンクが用意されており、湯上りの休憩にもぴったり。

KEY

松本民芸家具：城下町時代から家具生産が盛んだった松本で、池田三四郎（1909～1999）が柳宗悦らとの出会いをきっかけに発展、確立させた民芸家具。1974年「松本家具」の名で伝統的工芸品に指定。

10

11

9

お部屋には、湯田中を愛したといわれる俳人、小林一茶にちなんだ名物「一茶まんじゅう」が。北信州の景色を楽しみながらいただきたい。

写真は、明治創業・小布施堂の栗の落雁。栗蜜を練り込んだ香ばしい干菓子で、抹茶と相性も抜群。

ロビーでいただく点茶でほっと一息

お部屋でチェックイン後、希望者にはロビーで抹茶と茶菓子のサービスが。茶菓子は季節によって変わるが、秋は小布施堂の落雁など近隣の銘菓が多い。デトックスウォーターやコーヒーのセルフサービスもあり、旅の疲れに静かな一服が染み渡る。これから過ごす宿での時間にますます楽しみに。心ほどけるひとときをゆったりと楽しみたい。

アクセス：長野電鉄・湯田中駅より徒歩7分（長野県下高井郡山ノ内町平穏3137）
電話：0269-33-2111
IN：15:00　**OUT**：10:00
客室数：28室
お子様：可　**おひとり様**：可
1泊2食付き：￥22,500
登録：よろづや旅館桃山風呂（国・登録有形文化財）

Yudanakaonsen Yorozuya

長野・上田

別所温泉 旅館 花屋

Bessho onsen ryokan Hanaya

国・登録有形文化財

棟と棟をつなぐ渡り廊下も文化財。四季折々に変化する庭をゆっくりと眺めながら客室へ

大正ロマン漂うロビー。マルニ木工の特注ソファに腰を下ろし、中庭を眺める時間は格別。朝夕にはサイフォンで淹れたコーヒーを。

渡り廊下には、栂《つが》材を使用。
屋根は切妻造、鉄板葺き。

大正ロマンに、心ときめく老舗温泉宿。

上田駅からローカル線で30分。終着駅の「別所温泉」は、古くは枕草子にも登場する信州最古の温泉地。その地に大正六年に創業したのが、別所温泉 旅館 花屋である。

約六千五百坪の敷地に、計約千五百坪の木造建築が点在。数寄屋風の渡り廊下が、客室棟や広間、浴室をつなぎ、歩き進むほどに緑深い庭へと迷い込んだかのようだ。

驚くべきは、ほぼ全館が国の登録有形文化財に選定されていること。随所に凝らした精緻な組物《くみもの》や彫り物が、空間に温もりを添えている。

宮大工の技を守るため、建物専門の管理部署があるという。日常に疲れたら、心のときめきを補充しに訪れたい宿である。

1.花をモチーフにしたステンドグラスが随所に。**2**.朝昼夕で替わるユニフォーム。矢絣の着物に袴姿は、15時以降頃からのスタイル。いつ、どの場所を切り取っても絵になる。**3**.源泉かけ流し内湯付きで、広縁より庭をのぞむ贅沢な客室も。**4**.武家屋敷の建具や建材を随所に移し、様式を忠実に踏襲して上田藩の武家屋敷を再現した客室「貴賓室 桜御殿」。

KEY
栂《つが》：マツ科の常緑性針葉樹。独特の光沢と温かみのある色、年輪が狭く見た目に美しいことなどから、建材として幅広く使われる。経年変化で徐々に赤みを増すのも特徴。

5 6

5.和風旅館らしい趣きの正面玄関。提灯や瓦の紋にも花文様が。**6**.廊下奥の暖簾も花印。**下**.館内の電球はすべて白熱灯。可憐なランプシェードの数々。花を想起させるデザインが多いが種類はさまざまなので、注目しながらの館内巡りも楽しい。

KEY
大理石：変成岩の一種。非常に堅固で耐久性があり、光沢の美しい石材。白やグレー、黒などの色調が多いが、ピンクや緑、黄などもあり、装飾性が高い。

源泉かけ流しの温泉が3種あり、写真はステンドグラスが美しい大理石風呂。3つの浴槽がある。

練り上げるのに
約1時間かける絶品！
変わり豆腐

写真手前は山芋を使用した養老豆腐。
秋には名産の松茸のメニューも。

城郭建築風の建物で
繊細な会席料理を

食事は、城郭建築風の建物にあるダイニングや、創建当時から残る梁が特徴的な重厚感ある食堂で。八寸から水菓子まで、季節ごとに変わるメニューは見た目にも鮮やかだ。先付には丹精込めて練り合わせる変わり豆腐を含む日も。素材の風味と口の中でとろけるようなまろやかさがたまらない。部屋食のプランもある。

アクセス：上田電鉄 別所温泉駅から徒歩5分（長野県上田市別所温泉169）
電話：0268-38-3131
IN：15:00 〜 18:00　**OUT**：11:00
客室数：32室　**お子様**：可
おひとり様：可
1泊2食付き：¥20,900〜
登録：花屋ホテル本館、大奥棟、中棟、中広間・厨房棟、お城棟、表棟、一番棟、二七番棟、五〇番棟、六一番棟、北渡廊下、南渡廊下、東渡廊下、大浴室、井戸、奥棟、水車小屋、倉庫、事務室棟（国・登録有形文化財）

Bessho onsen ryokan Hanaya

長野・松本

Satoyama villa 本陣

Satoyama villa HONIJIN

国・登録有形文化財

039

松本藩が参勤交代時に本陣とした旧小澤家住宅。母屋、はなれ、2棟の蔵が現存し、周囲にはのどかな景色が広がる。

かつては身分によって
使える玄関が異なった

妻面に貫《ぬき》を重ねる本棟造風妻入《ほんむねづくりふうつまいり》で存在感がある屋根。当時のまま残る玄関は、左から藩主用、家臣用、住人用。住人用の玄関を入ると土間が広がり、季節によっては今も囲炉裏に甘酒や鍋が掛かる。

KEY
本棟造《ほんむねづく》り：長野県の中信から南信地方にかけて分布している民家形式。切妻屋根の妻入り、勾配の緩い屋根、正方形の間取りなどが特徴。

朝食は、隣接する昭和初期築の洋館「珈琲喫茶カメノヤ別館」で。宿泊者限定のモーニングプレートは、地元松本のパントリーマルナカのパンや安曇野スドーのジャム。

見渡す限り広がる里山。
格式ある本陣で羽を伸ばす。

耳をすませば、木の葉の音、鳥のさえずり……。四方を山々に囲まれた人口約四千人ののどかな集落、松本市四賀《しが》地区は、江戸時代、参勤交代のルートとして栄えた土地。その街道の中心に位置する小澤家は、松本城を出発した藩主が休息する本陣だった。明治期の火災を経て、主屋を再建・改修。宿泊施設「Satoyama villa 本陣」として生まれ変わった。

文化財に登録されているのは、主屋、はなれ、北土蔵、南土蔵。主屋は、建ちが高い豪壮な建築で、中に入れば高さ十三mの吹き抜けや重厚な欅の梁が目に飛び込む。大玄関をまっすぐ進むと、藩主が使った座敷部屋。今は庭向きのスイートルームとなっている。この建築が集落とともにありつづけ、宿として利用できる贅沢に感謝せずにはいられない。

上.1階の囲炉裏を見下ろす渡り廊下は、2階の客室「殿様ブリッジジュニアスイート」の一部。リビングと寝室をつなぐ。**下**.江戸末期から明治時代に建てられた土蔵（文化財）も、新たな客室「味噌蔵」「米蔵」「酒蔵」として2024年オープン。外壁は大壁造りの土壁で白漆喰塗り仕上げ、腰には海鼠壁《なまこかべ》を設ける。

KEY
本陣：幕府が認めた公用旅行者、大名、外国使節が宿泊、休憩したりするための施設。江戸時代の参勤交代制で整備が広まり、地域の有力者の住まいに命が下ることが多かった。

内縁を改装し
庭を眺める浴室に

廊下の先は
藩主専用の厠

上.藩主の寝室として使われていた格式高い部屋を改修した「殿様ガーデンビュースイート」。籠に乗ったまま上がれるよう工夫された玄関や、高い天井が特徴だ。**下**.「殿様ブリッジジュニアスイート」は、元は家臣たちが休息をとった場所。歴史ある空間を渡り廊下でつなぎ、ひとつの客室に設計した。

リビングにはブランコも

四季を感じる、
彩り豊かな日本料理

長野県大町の農家直送の落花生和えや、庭に自生する栗を使ったほくほくの揚げ栗など、季節の恵みを活かした彩り豊かな八寸。

素朴で新鮮
長野県の季節の恵み

夕食は、出張シェフによる会席または創作フレンチがおすすめ。地元の新鮮野菜や魚、信州牛や白馬豚など四季折々の料理が並ぶ。

　松本市内のレストラン「ヒカリヤヒガシ」でいただいたり、中庭でのバーベキューを選ぶことも可能。里山に抱かれた静寂のなか、至福のひとときを過ごしたい。

アクセス：JR松本駅よりタクシーで約30分（長野県松本市保福寺町246）
電話：0263-88-3266
IN：15:00～18:00　**OUT**：11:00
客室数：6室　**お子様**：可
おひとり様：可
1泊2食付き：￥27,135
登録：旧小澤家住宅　主屋、南土蔵、北土蔵、離れ（国・登録有形文化財）

Satoyama villa HONIJIN

長野・軽井沢

万平ホテル

Mampei Hotel

国・登録有形文化財

045

創業から130年以上、四季折々の軽井沢を見守り続けてきたクラシックホテル。

格式ある和風の天井と、重厚感ある洋のインテリアがマッチするメインダイニングルーム。写真左のステンドグラスは昭和初期、右は江戸時代の参勤交代時の軽井沢の様子を描いている。

KEY

折《おり》上《あ》げ天井《てんじょう》：中央部分を上方に凹ませた天井。四周が天井の回り縁より丸形に湾曲している。

1.瀟洒な別荘地を抜け、到着。 **2**. 地元の伝統工芸、軽井沢彫の小物や家具が随所に。 **3**.フロント。吹き抜けの階段を上ると、アルプス館の客室に繋がる。 **4,5**.ロビーには、創業時から今なお現役の家具も。印象的な赤い絨毯は、改修・改築工事以前の絨毯から色を抽出して再現した。

ロビーにはさまざまな
時代の椅子が

中山道で栄えていた軽井沢宿の旅籠「亀屋」が万平ホテルのはじまり。明治期に、欧米人でも発音しやすい「MAMPEIホテル」に改名され、今もアルプス館の玄関には当時の看板が掲げられている。

由緒正しい避暑地に佇む和洋折衷ホテル建築。

明治時代、外国人宣教師によって日本有数の避暑地に発展した軽井沢。清涼な気候と美しい自然は、財界人や文化人に愛され、今も多くの人々を魅了する。

その気品あふれる軽井沢で、数々の賓客を迎えてきたのが万平ホテルだ。三棟ある客室棟のうち登録文化財のアルプス館は、日光金谷ホテルも手掛けた建築家・久米権九郎の設計。中世欧州のハーフ・ティンバー風に信州特有の本棟造《ほんむねづくり》を取り入れ、品格を備えつつ和洋が調和する独自の美しさを生み出している。

二〇二四年十月、梁や柱はそのままに全館を大規模改修。創業当時の外壁や屋根の色合いを再現し、室内の快適性を向上。より贅沢な滞在を楽しめる空間へと生まれ変わった。

KEY

軽《かる》井《い》沢《ざわ》彫《ぼり》：明治期から増えた欧米人の別荘用に発展した木彫。主な材は橡（とち）。モチーフには桜が多い。

6.アルプス館のエレベーターホールには、大正時代の椅子と軽井沢彫のテーブルが。現代にはない大輪の花のデザインも見どころ。**7**.亀屋の名残りを伝える亀のステンドグラス。「いつも平穏であるように」という願いが込められている。

8.新築の愛宕館は、全室が天然温泉付き。**9**.当時の広告がデザインされたハガキは、客室でしか手に入らない非売品。**10**.「愛宕館プレミア」の一室。クラシカルな面影を残しながら、現代的なデザインを施した心地よさが魅力。

11,12,14.文化財のアルプス館は全12室。昭和初期の摺りガラスや猫足のバスタブ、軽井沢彫の家具など当時のものを受け継ぎながら、快適性を高めた。**13**.洗面脇の亀をあしらった木箱には、アメニティが。**15**.寝室とリビングを分ける間仕切りは、日本家屋の生活スタイルを取り入れたためとも言われている。

restaurant colmun

ホテルのエンブレム、
すずらんが描かれた食器で

メインの牛フィレ肉は、ピノ・ノワール香る赤ワインソース。芳醇な香りが広がり、贅沢な余韻に包まれる。

伝統のメインダイニングで
地産地消のフレンチを

メインダイニングルームでのディナーは、伝統を受け継ぎながらも、信州の食材をふんだんに使用したフレンチ。冷前菜に添えられたベアルネーズソースやメインに使用される秘伝の赤ワインソースなど伝統を味を受け継ぎつつ、信州サーモンや安曇野山葵など地元食材を使った軽やかで洗練された品々だ。

アクセス：軽井沢駅よりタクシー約5分（長野県北佐久郡軽井沢町軽井沢925）※時期により無料送迎バス有
電話：0267-42-1234
IN：15:00～24:00　OUT：11:00
客室数：86室　お子様：可
おひとり様：可
1泊2食付き：￥59,512～
登録：万平ホテル アルプス館（国・登録有形文化財）

Mampei Hotel

人気温泉地に光る名宿

静岡・神奈川

・新井旅館（静岡・修善寺）
・旅館 おちあいろう（静岡・修善寺）
・沼津倶楽部（静岡・沼津）
・川奈ホテル（静岡・伊東）
・萬翠楼 福住（神奈川・箱根）
・箱根小涌園 三河屋旅館（神奈川・箱根）
・ホテルニューグランド（神奈川・横浜）
・葉山加地邸（神奈川・葉山）
・かいひん荘 鎌倉（神奈川・鎌倉）

静岡・修善寺

新井旅館

Arai ryokan

国・登録有形文化財

大正5年築、木造2階建ての「桐の棟」。客室からの眺めは、まるで水上に浮かんでいるかのよう。

客室棟に橋、水蔵……
全15件の文化財建築を有する宿。

創業一五〇余年。雄大な庭と池をもち、客室棟をはじめ浴場、橋など全十五件もの文化財を有する新井旅館。この景観を目にすれば、横山大観や芥川龍之介ら数々の文人墨客を魅了したのも頷ける。

ロビーを抜け美しい板張りの太鼓橋を渡ると、静かな廊下の先に「華の池」がそっと姿を現す。この池をのぞむ「花の棟」に宿泊した歌人・穂積歌子《ほづみうたこ》は「新井旅館は庭中皆池といふよりも、池の上に家が建てゝあるといふが適切である」と詠んだ。

さらに見逃せないのが「天平風呂《てんぴょうぶろ》」だ。画家・安田靫彦が手がけたこの名作は、建材、技術のすべてが今は再現不可能とされる。湯船に浸かりながら池の鯉を眺められる趣向もユニークだ。

KEY **真壁造《しんかべづく》り**：壁面に柱や梁が見える工法で、日本の伝統的な壁の納め方のひとつ。構造材が直接空気に触れているため、温湿度が調整しやすく、耐久性に優れる。

明治32年築の
太鼓橋(文化財)

1.華の池を囲む一辺に建つ、大正5年築・桐の棟（写真左側)。端正な真壁造り の立面が美しい。2,4.ロビーから続く太鼓橋(渡りの橋)。小幅板を目透かしに張り、下を流れる水を見せる演出。湿度を逃す効果も。3.日本画家・川端龍子がデザインしたロビー。石と木材が見事に調和したモダンな空間。

あえて隙間を
つくっている

天平時代の大工が使用したと伝わる道具を用い、約3年をかけ昭和9年に完成した天平風呂。柱石は人夫20人がかりで1日15センチしか動かせない巨大なもの。芥川龍之介は滞在の折、「ここの湯は（温泉の絵）言ふ風になつてゐて、水族館みたいだ。これだけでも一見の価値あり」と残している。

5.六角の塔屋をもち、まるで洋風教会のような「青州楼《せいしゅうろう》」。館内で最も古い建物（明治14年築）で、かつては1階が正面玄関だった。**6**.玄関ロビーを含む「月の棟」は、平等院鳳凰堂を模したと伝わる。**7**.屋根の瓦は、かつて良質の粘土が採れた静岡県清水産の清水瓦。

日本画の大家・安田靫彦が監修した「花の棟」の客室。広縁は桂川に面し、名所竹林の小径をのぞむ修善寺で唯一の客室だ。

KEY **天平文化と建築**：奈良時代の天平年間は、唐からの影響を強く受け仏教芸術が開花、唐招提寺講堂や正倉院宝庫が建てられた。新井旅館の天平風呂は、こうした寺院建築の様式を模したという。

さつま芋と小豆餡の
上品な和菓子

売店でも不動の人気を誇る。8個入り1,200円で、旅の思い出に持ち帰りたい。大切な人へのお土産にも、自宅で味わい旅を振り返るのもいい。

梨園との交情から
生まれた銘菓「幸四郎」

　多くの文人墨客らと交流をもった、三代目館主・相原寛《あいはらかん》太郎《たろう》（雅号：沐《もく》芳《ほう》）。なかでも、歌舞伎役者・初代中村吉右衛門とは義理兄弟の契りを交わすほど深い仲だった。

　オリジナルの銘菓「幸四郎」は、その孫の九代目・松本幸四郎から名を付けた。ほんのり甘い芋と小豆餡で、スイートポテトのような上品で優しい味わいだ。

アクセス：伊豆箱根鉄道修善寺駅よりバス約10分（静岡県伊豆市修善寺970）
電話：0558-72-2007
IN：15:00 ～ 18:00　**OUT**：11:00
客室数：31室　**お子様**：可
おひとり様：可
1泊2食付き：￥24,200 ～
登録：新井旅館 水蔵、吉野の棟、花の棟、観音堂、天平風呂、紅葉、あやめの棟、山陽荘、桐の棟、甘泉楼、月の棟、雪の棟、霞の棟、渡りの橋、青州楼

Arai ryokan

静岡・修善寺

旅館 おちあいろう

Ryokan ochiairo

国・登録有形文化財

修善寺駅から車で約20分。4,000坪ほどの敷地内に、7件の文化財建造物をもつ。

客室例「露草」。全16室のうち本館の10部屋は草花にちなむ名前。組子細工には幸運を招く「投網」と繁栄を象徴する「富士山」が施された縁起の良いしつらえ。

渓流のほとり、モダンに進化した名建築の宿。

明治七年。当時、佐渡に次ぐ金の産地だった伊豆に開業したおちあいろう。昭和期には、金山を売却した資金をもとに素材と技を結集し、規模も美しさも比類なき宿として要人たちを迎えてきた。その投資額、現在の価値で五十億円超とも言われる。

館内には惜しみなく銘木が使われ、卓越した職人技が光る。とくに紫檀宴会場の大広間は圧巻で、樹齢二千年とも言われる紫檀の床柱が鎮座。木の節や割れに見えるダイナミックな凹凸は、すべて意匠だというから驚きだ。

本館は総檜造り。釘を一切使わず、すべて木組みで建てられている。主人による文化財ツアーも開催されているので、ぜひ気軽に参加したい。

文化財「紫檀《したん》宴会場」の2階、108畳の大宴会場。出節の紫檀の柱や框で構成した床構え、洗練された棚や付書院、床は欅一枚板など随所に見どころがある。

左.昭和初期の建設時、最初に建てられたのが玄関棟（文化財）。
右上.早朝、朝日が差し込むと桔梗の花が床を照らす仕掛け。
右下.館内では、計20種もの組子デザインが見つかる。

KEY
紫檀《したん》：重くて硬く、光沢のある木材。床柱などに装飾的な建材として、あるいは仏壇などの高級家具材として珍重される。天然のものは現在、輸出禁止の国も多い。

北半が階段室、南半が配膳室の建物。宴会場に行く客と配膳する女中の動線が被らないよう、階段がX字に設計されている。

左上.弁柄塗りの屋根が印象的な「応接棟」。瓦は鉄製で、戦時中も提供せず守り抜いた貴重なもの。小規模ながら昭和初期の温泉旅館付属施設の好事例として評価される文化財建造物。**右上**.書生時代の川端康成が気に入っていたと言われる吊り橋。**左下**.応接棟にある図書室。窓のしつらえは当時のまま。**右下**.山荘風のラウンジ。ワインやスパークリングワイン、地ビールやジェラートなどを無料で楽しめる。

KEY

弁柄《べんがら》：酸化鉄が主成分の赤色顔料。建築木材や陶磁器などに古くから使われ、日光による褪色がすくなく、着色性に優れる。防虫や防腐機能もあるとされる。

春夏秋冬で変わる
メニューは、楽しみ

写真の前菜は、金目鯛の押し寿司、鴨ロース、茶碗蒸しきのこ餡。旨味の効いた優しい味付け。

オープンキッチンで仕上げる会席料理

夕食は、個室や半個室のお食事処で楽しむ、地元食材をふんだんに使った会席料理。伊豆の山葵や相模湾の金目鯛、修善寺「大黒屋」の湯葉などを使った料理を、オープンキッチンで仕上げてくれる。

鉄板焼レストランも併設。気分に合わせて選びたい。

アクセス：伊豆箱根鉄道・修善寺駅よりタクシー約20分（静岡県伊豆市湯ケ島1887-1）、※無料送迎サービス有（要予約）
電話：0558-85-0014
IN：15:00 ～ 18:00　**OUT：**11:00
客室数：16室+1棟　**お子様：**可
おひとり様：可
1泊2食付き：￥78,850 ～
登録：眠雲閣落合楼 本館、応接棟、住居棟および廊下、配膳室階段棟、紫檀宴会場、眠雲亭、玄関棟（国・登録有形文化財）

Ryokan ochiairo

静岡・沼津

沼津倶楽部

Numazu Club

国・登録有形文化財

大正2年造、平成20年に移設された長屋門（文化財）が、約3千坪の敷地へと誘う。柱は名栗《なくり》仕上げ、腰に割竹や杉皮などの竪板を張った草庵風の佇まい。

各界の要人が集い、政治の拠点として使われたとされる「昭和の間」。現在は宿泊者に限りサロンとして利用できる。

1.出窓のように張り出したソファスペース。大きく設けたガラス窓に、意匠性の高い木枠で景色を切り取る。2.天井の中央は籠目編み、周囲の勾配部は矢羽根編みと、編み目を変える手の込みよう。3.繊細な彫刻が施された欄間。

歴史を生んだ和洋折衷の茶亭で、非日常に浸る。

沼津の御用邸のほど近く。「千人茶会を開きたい」と、ミツワ石鹸の二代目当主・三輪善兵衛《みわぜんべえ》が建てた茶亭が、沼津倶楽部のはじまりだ。約三千坪の広大な敷地には、文化財に登録された長屋門と茶亭、わずか八室の宿泊棟が静かに息づく。

いちばんの見どころは、茶亭南棟の最奥にある「昭和の間」だろう。数寄屋風の丸太柱や欄間を基調としながら、中央を持ち上げた天井はまるで西洋のドームのよう。当時まだ貴重だったガラスをふんだんに使い、モダンかつ格式ある設計に寄与している。戦後はここに政財界の要人が集い、深い語らいと美食を楽しんだと言われている。

この歴史ある空間で、ゆったりと流れる時間に身を委ねる。それこそが、なによりの贅沢かもしれない。

KEY
網代《あじろ》：木や竹、草などを薄く裂いて加工し、平面上に編み込んだもの。また、その文様。網代天井は意匠性の高い空間に好まれるが、通常は茶室や床の間など小さな面積に用いるため、本件ほど大きな規模は珍しい。

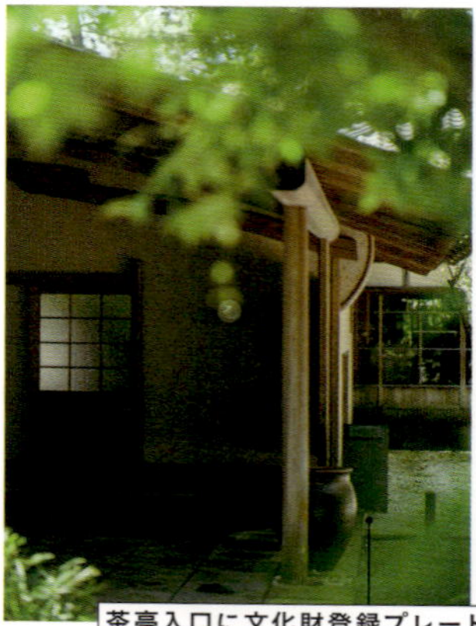

茶亭は南北の２棟から成り、長い渡り廊下が結んでいる。現在はレストランとして営業。宿泊時は、朝夕食をここでいただく。将棋のタイトル戦の会場に使われたことでも注目を集めた名建築だ。

茶亭を入ってすぐにあるバー。利用は宿泊者限定。

京都から移築した三畳台目《さんじょうだいめ》の茶室。千人茶会を目的に、すべての部屋を茶室として設計した建物なので、各室付近には必ず水屋がある。

KEY

三畳台目《さんじょうだいめ》：三畳の客座と、一畳の点前座で構成される茶席の間取りのこと。畳の配置によって種類はいくつかあるが、千利休が大阪屋敷で初めて試みたとされる。

水盤から心地よい風が吹き込む宿泊棟（平成18年増築）。設計は二期倶楽部などを手掛けた建築家・渡辺明。本件が遺作となった。ロビーの床には亜麻仁油で磨き上げた蘇《そ》州《しゅう》瓦《がわら》、天井には吉野杉を使用している。

2階建ての宿泊棟。富士山の伏流水が湧き出る水盤に向かって建ち、夏も夕暮れ時には涼やかになる。深い軒の下はテラス。客室に用意されているドリンク（無料）でリフレッシュするにもいい空間。1階「デラックスツインルーム」。2部屋と檜風呂をもつ、ゆったりとした56平米。

このために通いたい！
一捻りある斬新な中華

口に入れた瞬間感動を覚える「よだれ鶏」。まずはそのまま、そしてソースを餃子、椒麺につけて楽しめる。

数寄屋建築の中で味わう 新感覚のチャイニーズ

文化財建築のレストランで供されるのは、四川料理を専門としつつ沼津にルーツを持つシェフ・齋藤宏文氏監修のモダンチャイニーズ。駿河湾や伊豆近海の魚介など、新鮮な食材を活かしたメニューが揃う。

名物は「よだれ鶏」。まずはそのまま、次に餃子をつけて、最後は「山椒麺」と、三段階で味わう仕掛け。特製ソースを余すことなく楽しみたい。

アクセス：JR沼津駅よりタクシー約10分　静岡県沼津市千本郷林1907-8
電話：055-954-6611
IN：15:00　**OUT：**11:00
客室数：8室　**お子様：**可
おひとり様：可
1泊2食付き：￥49,505～
登録：沼津倶楽部 南棟、北棟、長屋門（国・登録有形文化財）

Numazu Club

静岡・伊東

川奈ホテル

Kawana Hotel

国・登録有形文化財

073　第一ロビー。太い梁の天井にシャンデリアが輝き、鷲の紋章と大理石のマントルピースが風格を添える。

右.バルコニーを支える装飾には、魔除けの薬草のモチーフ。左.第2ロビーの暖炉は、竹をイメージした和風のタイル。館内はすべて泰山《たいざん》タイルで統一している。

海と山に囲まれた
休暇と社交のためのホテル。

名門ゴルフコースを有する川奈ホテル。昭和十一年、大倉財閥二代目・大倉喜七郎が「英国貴族のカントリーライフを日本にも」と、約六十万坪の土地を開発したのがはじまりだ。

設計は、ホテル建築に数々の名作を残す高橋貞太郎。内観は英国の城を思わせるチューダー様式、外観はスペイン瓦と白漆喰が織りなすスパニッシュ風、眼下に広がる太平洋はまるで南国リゾートと異なる美が見事に調和する。「タイルの美術館」と称されるほど多種多様なタイル使いも美しい。ここが日本であることを、つい忘れてしまいそうになる。

敷地にはホテル裏の小室山を含み、滞在者のプライベートを守る。開業以来、財界人に愛されてきたこの特別な空間を堪能したい。

半円形のガラス張りで、柔らかな光が降り注ぐサンパーラー。与謝野晶子もその情景に魅了され、「海に添う 東日本をことごとく 望み見ぬべきサンルウムかな」と詠んだ。 進駐軍が残していった望遠鏡もある。

上.開業時からの家具が多く残るライブラリー。皇室や財界人との由緒深いものも。**左**.上階からのぞむサンパーラー。

KEY

高《たか》橋《はし》貞《てい》太《た》郎《ろう》（1892-1970）：東京帝国大学工科大学建築学科卒業。民間の施工会社、内務省、宮内庁などに従事し、学士会館や日本生命館の設計に携わる。独立後の代表作に、川奈ホテルや上高地帝国ホテル、帝国ホテル本館の解体を伴う新本館等の設計がある。

オーセンティックな雰囲気が漂うメインバー。オリジナルカクテル「バーディー」など、ゴルフにちなんだメニューも。モザイクタイルで個性的なデザインをあしらった床は必見。

1.1800年代製といわれるアンティークガラスのシャンデリア。**2**.ひと手間かかる麻のテーブルクロスを開業時から使用。**3**.教会の聖水をイメージした伊《い》豆《ず》石《いし》製の噴水。

KEY

チューダー様式：15世紀後半から17世紀にイギリスで流行した建築様式。中庭をもち非対称な建物の構成、柱や筋交いなどの骨組みが外部に露出したデザイン、レンガ積みの壁などが特徴。

城内の教会をイメージしたメインダイニング。かつてはレストラン上部のミュージックボックスに楽団が待機し、生演奏を響かせた。

ミュージックビデオにも
使われた客室

テラスから眺める
海は最高！

4．本館最上階の「本館オーシャンビューインペリアルスイート」。各界の要人が宿泊することもあり、SPの待機場所も存在する。**5**．オーシャンビュープレミアムツイン。海風を感じながらゆっくりとした過ごせる人気の客室。**6**.宿泊者限定の温浴施設「ブリサマリナ」。地平線の先に、夜は星空、早朝は朝日が昇る光景が楽しめる。

7, 9.展望台からのパノラマビュー。階段への案内板も愛らしい。
8.ゴルフクラブへ続く通路。
10, 11.江戸時代中期の大農家の土間を移築した「田舎家」。現在は和食レストランとして、天ぷらや鍋料理を楽しめる。

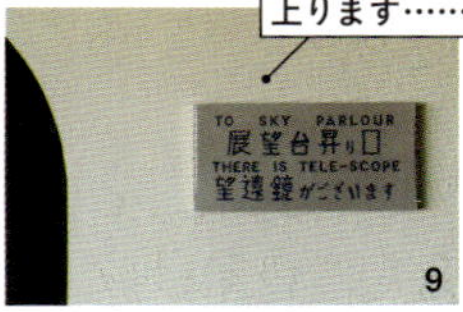

KEY
伊豆石：かつて石材産業が盛んだった伊豆半島やその周辺で採れる石材の総称。産地や特徴によって、細分化された呼び名や分類もある。

外はふんわり中はとろとろ。美しいフォルムは理想のオムライスそのもの。サンパーラーとグリルで注文可能（サラダ、コーヒー付き￥3,500）。

マリリン・モンローも愛した伝統のオムライス

昭和二十九年、マリリン・モンローが新婚旅行で訪れた際、ルームサービスで2回も頼んだというオムライス。つややかな卵には焼印が施され、スプーンを入れるのが惜しいほどに柔らかい。

3〜4日かけて作る旨味凝縮のデミグラスソースは、当時から変わらぬ製法。一口含めば、懐かしさと美味しさが広がり、笑みがこぼれる。

アクセス：川奈駅よりタクシー約5分（静岡県伊東市川奈1459）
※無料シャトルバス有（要予約）
電話：0557-45-1111
IN：15:00 〜　**OUT**：11:00
客室数：100室　**お子様**：可
おひとり様：可
1泊2食付き：￥30,404 〜
登録：川奈ホテル 本館、田舎家（国・登録有形文化財）

Kawana Hotel

神奈川・箱根

萬翠楼 福住

Bansuirou Fukuzumi

国・指定重要文化財

幕末から明治期には、十五代将軍徳川慶喜、伊藤博文、森鴎外など数々の偉人が訪れた。明治9年に滞在した木戸孝充公が「萬翠楼」と名付けた。

15号室（見学のみ）には、絵師24人による天井画や、
神代杉を使用した欄間、伊藤博文直筆の掛け軸が。

1,3.ロビーから金泉楼1階へ繋がる扉。耐火や要人への襲撃に備え、周囲を大谷石で囲む重厚な造り。2.竣工時の錦絵と重要文化財指定書。フロント脇に飾られている。

現役の宿泊施設で
国指定の重要文化財は2施設のみ

寛永2年創業。陰翳礼讃に浸る老舗温泉宿

箱根湯本駅から徒歩七分。創業四百年を迎える箱根湯本温泉萬翠楼 福住には、温泉街の喧騒とは無縁の静寂な時間が流れる。

宿は、北の萬翠楼、南の金泉楼の二棟から成る。ともに明治初期に竣工し、二〇〇二年に現役の旅館として初めて国の重要文化財に指定された。一、二階は木骨石造、三階は漆喰塗仕上げの土蔵造で、耐火性に優れた構造を取り入れながら随所に数寄屋造りが見られる、希少な擬洋風建築だ。

室内に入ったらまず電気を消して畳に座りたい。目線の先には、障子越しの光と美しい組子のシルエット、扁額の金箔装飾がしっとりと輝く。緻密な意匠の一つひとつに、当時の職人の精緻な技が宿る。数々の偉人を魅了してきた理由がよくわかる。

KEY
神代杉《じんだいすぎ》：土中または水中に埋もれ、時には数百年を経て、腐らず発掘される杉材。

和食懐石を運ぶ鎌倉彫の名盆

力強い掘りに柔らかな漆塗り

食事は部屋または個室で。周りを気にせず、ゆっくりいただけるのも嬉しい。

夕食は彩り豊かな和食。それを供するのが、運慶を祖にもつ鎌倉彫の作家の会席膳と言うから驚きだ。手にすればかる、名品ならではの滑らかな彫りと軽さ。宿泊中の一コマで味わえる、贅沢というほかない体験だ。

4．萬翠楼25号室前の螺旋階段。天井には、照明の配線を隠すような彫刻が。曲線の美しい手すりは巨木を削り出したもの。5．萬翠楼15号室の、変木を活用したあしらい。福々しいおかめのようにも見える。6．コンセントの差し込み口など"無粋"なものは、一見わからない場所に。7．竹の節を活かした障子格子。

アクセス：小田急箱根湯本駅より徒歩約7分
（神奈川県足柄下郡箱根町湯本湯場643）
※箱根湯本駅までの迎えサービス有（15:30〜17:30）
電話：0460-85-5531
IN：15:00〜18:30　OUT：10:00
客室数：15室　お子様：可（部屋限定）
おひとり様：不可　1泊2食付き：￥27,500〜
登録：福住旅館 萬翠楼・金泉楼（国・指定重要文化財）

Bansuirou Fukuzumi

神奈川・箱根

箱根小涌園 三河屋旅館

Hakonekowakien Mikawaya-ryokan

国・登録有形文化財

宿から周囲の山々を見下ろす。
眼下には、ツツジの名所として
知られる庭園、蓬莱園《ほうらいえん》。

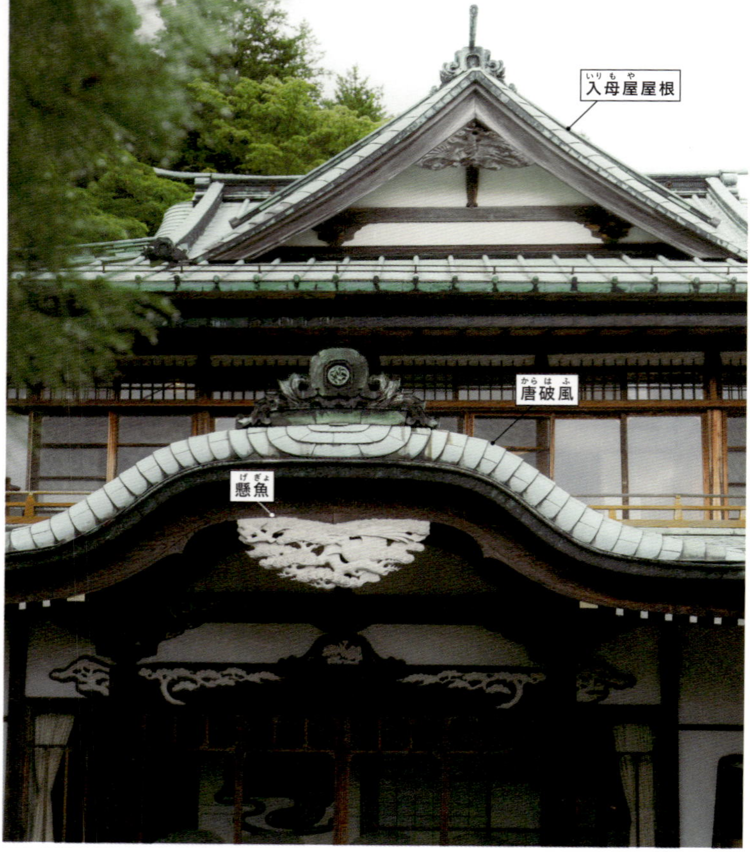

階段を上った正面には、旅館の象徴である格式高い唐破風《からはふ》入母屋《いりもや》造《づく》りの玄関が。火災除けの願いを込めて緻密な彫刻が施された懸魚も。

宿や町の歴史がわかる資料

元事務所(帳場)だった空間を、今は資料館として開放。「温泉は！眺望第一の仙境たる小涌谷の三河屋へ」と記されたかつてのチラシやルームキーなど、旅館の歴史を物語る展示品が並ぶ。

上.創業当時の姿を残す洋風内装のラウンジ。日中は外来利用可能なカフェとして、夜はバーとして利用できる。大きな窓は大正ガラス。ゆらゆらと波打ちながら景色を切り取る。**右**.館内には大正時代のラウンジの写真も。

雄大な箱根の山々をのぞむ老舗温泉宿。

箱根は、雨の日も風情があってよい。ここは、小涌谷の山間に建つ三河屋旅館。石段を振り返れば雲がたなびき、しっとり濡れた緑銅色の玄関屋根が迎えてくれる。

創業は明治十六年。文化財に登録されている本館（旧松竹館を含む）は、大正期に建てられた趣深い建物だ。洋風ラウンジや客室から構成され、唐破風入母屋造りの玄関や大正ガラスのラウンジ、唐傘天井の大浴場（現在は見学のみ）など、随所に歴史の趣が息づく。

中国革命の父 孫文や画家・竹下夢二、歌人・与謝野晶子ら文化人の滞在した記録も残るが、格式ばった緊張感は感じられない。心ほどけるようなもてなしが心地よい宿である。

KEY **入母屋《いりもや》**：屋根の形状のひとつで、上部は切妻屋根のように二方に傾斜、下部は寄棟屋根に四方に傾斜する形のもの。城や神社仏閣に用いられ、重厚で、格式のある形状とされる。

館内を歩くだけでも、飾り窓や釘隠しなど楽しい発見が。1階資料館入口の天井には、水鳥が彫られた明かり採り。当初ここは事務所（帳場）であり、最初にお客様を迎える場にふさわしく、繊細なあしらいが施されたのだろう（上中）。廊下の飾り窓には、塔ノ峰と浅間山の谷間からのぼる朝日と雲海の情景（下右）や、慶事や幸運の象徴とされるコウモリのデザインも（下左）。

客室は文化財に登録されている本館のほか、はなれ、別館の計25室。写真は孫文が宿泊したとされる「本館和室ツイン」。和室二間が広縁で繋がる。「山水清幽」の書は、孫文が滞在時にしたためたレプリカ。「清幽」とは、世俗を離れ、清らかで静かなことを指す。

KEY

唐《から》破《は》風《ふ》：破風の形状のひとつ。一般的には三角型に仕上げる切妻屋根などの妻面を、弓の形のように丸み帯びた形につくるもの。

唐傘天井と格子模様のタイルがレトロな明治風呂(現在は見学のみ)。

restaurant colmun

秋は、鹿肉やきのこづくし

具材は季節ごとに変わる。甘酒は米麹から毎日7時間以上かけて仕込み、かつおだしと合わせて風味豊かに仕上げている。

甘酒の風味が広がる、季節の創作鍋

夕食は、宿の名物「三河屋鍋」。とろける脂身とジューシーな肉質が魅力の神奈川のブランド豚「やまゆりポーク」をはじめ、牛肉や鹿肉、大平台の姫乃水豆腐、旬の食材がたっぷり入った創作鍋だ。スープには自家製の米麹甘酒を使い、じんわりと染みわたる優しい味わいに仕上げている。温泉の後にいただけば、体の芯からほっと温まる。

アクセス：箱根湯本駅から路線バスで約20分（神奈川県足柄下郡箱根町小涌谷503）※箱根登山鉄道・強羅駅から無料シャトルバス有
電話：0465-43-8541
IN：15:00　**OUT**：10:00
客室数：25室　**お子様**：可
おひとり様：可
1泊2食付き：￥25,300〜
登録：三河屋旅館 本館
（国・登録有形文化財）

Hakonekowakien Mikawaya-ryokan

神奈川・横浜

ホテル ニューグランド

Hotel New Grand

市・認定歴史的建造物

093　本館外観。壁面のアーチはまるで船の舳先のようにダイナミックなフォルム。

東洋風の伽藍《がらん》の灯籠
鳳凰は復興のモチーフとも

時計上部の綴織《つづりおり》は、天女が楽器を奏でながら舞う姿を描いた「天女奏楽《てんにょそうがく》之《の》図《ず》」。彫刻には鳳凰など寺院風の意匠が施されている。

港町・横浜の歴史とともに歩む、クラシックホテル。

海外との玄関口として発展した港町、横浜。関東大震災で甚大な被害を受けたこの町に、昭和二年、復興の象徴として完成したのがホテルニューグランドだ。設計は、東京国立博物館本館などで知られる渡辺仁。ルネサンス様式を思わせる外壁に、半円形の窓やメダイヨンなどアール・デコ調の装飾を繰り返し施し、シンプルながら気品にあふれる建築に仕上げている。

玄関から階段を上ると、大空間の「ザ・ロビー」。当時としては、ロビーを二階に置いた配置の珍しさもさることながら、西側はマホガニーを使った重厚感ある雰囲気、東側は石造りの神殿のような雰囲気と、随所に和洋のテイストを取り入れた空間は斬新かつ横浜らしさを物語る。贅沢な空間で朝の静けさを堪能したい。

上.本館2階「ザ・ロビー」。石造りの洋風空間だが、天井の梁下には西洋と東洋のモチーフを融合させた漆喰の装飾。**1**.イタリア製オーダーメイドのタイル。釉薬の絶妙な濃淡が、表情豊かな風合いを生んでいる。**2**.照明には日本の巴紋がデザインされ、和紙を用いた東洋風の趣が漂う。**3**.ドアの先はかつてメインダイニングだったフェニックスルームが続く。**4**.階段壁面の柱上部には、おもてなしの象徴・フルーツバスケットのオブジェ。

KEY **渡辺《わたなべ》 仁《じん》 (1887-1973)**：古典主義から初期モダニズムまで、さまざまな様式を用いた記念碑的な作品が多い。ホテルニューグランドのほか、服部時計店（現・銀座和光）、東京国立博物館などの設計で知られる。

5

6

7

8

5.「ザ・ロビー」。**6**.壁面にはインド古代の聖典カーマスートラのレリーフが施されている。**7**.マホガニーの柱上部。弁財天を描いた青銅製の燭台が輝く。**8**.開業当時から残る「キングスチェア」の肘掛けには天使ニケの意匠。各所に配されたウッドチェアは横浜家具で、日本の職人技が随所に光る。

9.客室はタワー館と本館を合わせて230室。本館には、マッカーサー元帥が執務室として使った「マッカーサーズスイート」や、作家・大佛《おさらぎ》次郎《じろう》が愛用した部屋など、歴史を刻む客室が今も残る。**10**.港を一望できる部屋も。朝晩で異なる表情を楽しみたい。
11.本館の階段には当時のタイルが残るスポットも。

「HOTEL NEW GRAND」のネオン看板は、港から来る旅人をいつの時代も迎えてきた。夜はあたたかな灯りで街を照らす。

KEY **ルネサンス様式**：15～16世紀にかけて、イタリアのフィレンツェを中心に発展した芸術様式。建築物には、古代建築のオーダーやシンメトリーの構成などの特徴がある。

ぷりぷりのエビが
たっぷり！

「シーフードドリア」¥3,289。その他、ホテルニューグランド発祥の伝統料理「スパゲッティ ナポリタン」や「プリン・ア・ラ・モード」も必見。

ホテルニューグランド発祥
シーフードドリア

初代総料理長サリー・ワイルが、風邪気味の客からの「のど越しの良い料理を」との要望に応えて即興で生み出した料理が、シーフードドリア。バターライスにエビの旨味たっぷりのアメリケーヌソースを重ね、特製グラタンソースと粉チーズで仕上げている。中にはエビやホタテが贅沢に入り、シンプルながらも軽やかでふんわりとした味わいだ。

アクセス：みなとみらい線 元町・中華街駅約2分（神奈川県横浜市中区山下町10番地）
電話：045-681-1841
IN：15:00　**OUT**：11:00
客室数：230室
お子様：可　**おひとり様**：可
1泊1室：¥44,275～
登録：横浜市認定歴史的建造物・近代化産業遺産

Hotel New Grand

神奈川・葉山

葉山加地邸

Hayama Kachitei

国・登録有形文化財

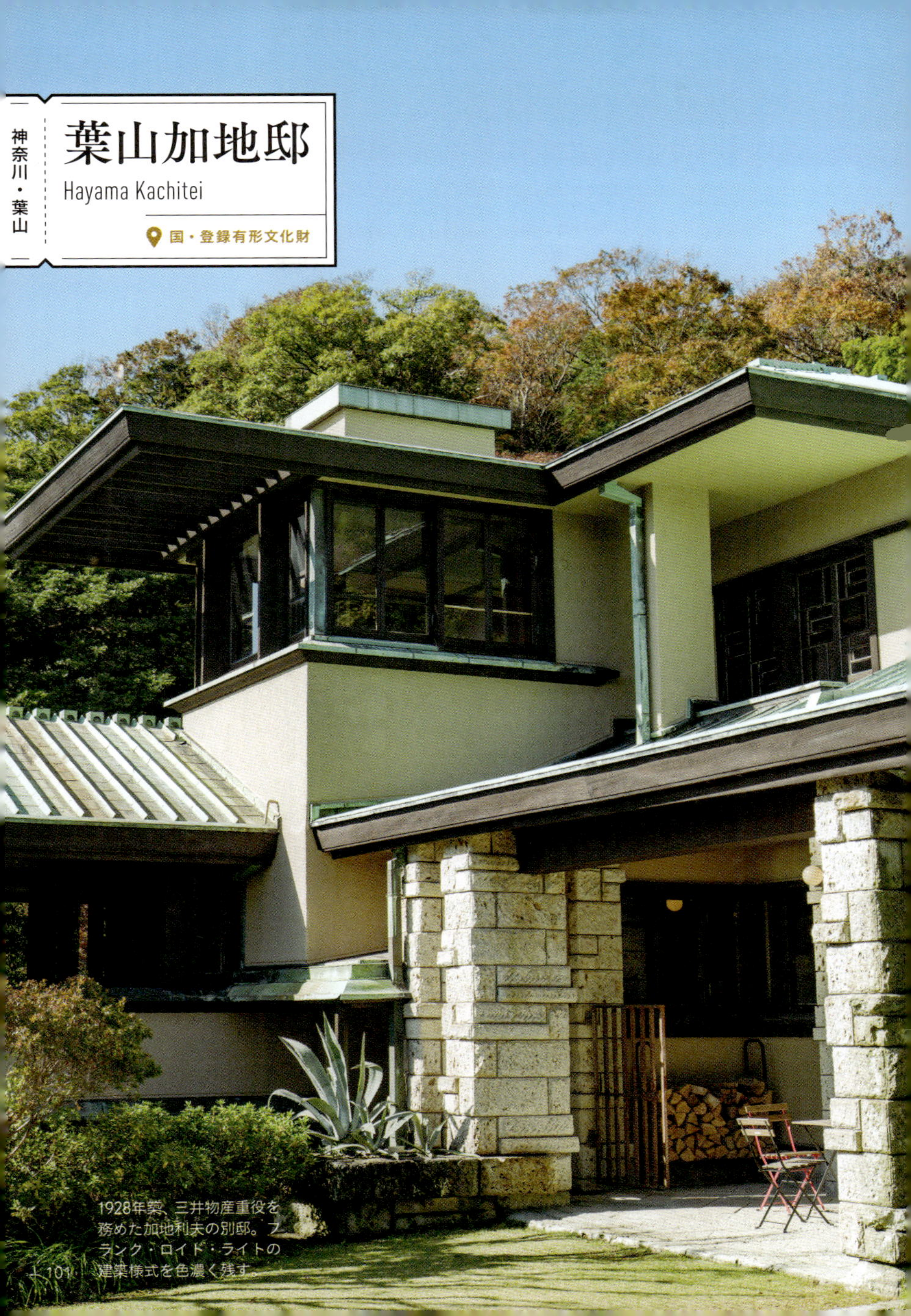

1928年築、三井物産重役を務めた加地利夫《としお》の別邸。フランク・ロイド・ライトの建築様式を色濃く残す。

1.大谷石のアプローチを抜けると、まるで茶室の待合のような静寂漂うピロティへ。水盤（写真右）やその向かいにあるベンチも大谷石製。2.設計当初から残る銅板葺きの屋根。経年経過によって、今は美しい緑青色に。

ライト風住宅を継承。1日1組の貸切ステイ。

世界的建築家フランク・ロイド・ライトの愛弟子・遠藤新《えんどうあらた》が設計した、葉山加地邸。大谷石《おおやいし》をふんだんに用い、穏やかな葉山の自然に調和するように建てられた建築は、「小さな帝国ホテル」とも称される。

中央サロンに入るとまず驚くのは、その開放感だろう。入口をあえて低くすることで、室内に一歩踏み入ると空間をより広く感じるような設計だ。さらに「全一《ぜんいつ》」という遠藤独自の思想のもと、テーブルや椅子、照明に至るまで、この住宅に調和するよう特注されている。

その美意識を尊重しつつ、二〇二〇年、建築家・神谷修平がリノベーション。スパを新設しつつ、サロンや展望室など当時のままの姿を残す空間も多い。邸宅を邸宅として堪能する、特別な滞在を楽しめる。

KEY 遠藤新《えんどうあらた》(1889-1951)：1917年にライトと出会い、愛弟子として帝国ホテルの設計・建設に従事。その他の作品として自由学園明日館講堂、加地邸、笹屋ホテル、目白ヶ丘教会などがある。

柔らかな光が差し込むサンルーム。遠藤新デザインの家具で朝のコーヒータイムを過ごせるのも、宿泊者ならではの贅沢。

下.1階の中央サロン。左右の上階はライブラリーとして、サロンを見下ろす開放感あるつくり。窓の外に続くテラスにも大谷石を使い、窓枠を緩やかな台形にすることで、空間の奥行きを強調。**3**.**4**.家具はリペアし、当時の照明を使用。

4

3

6

5

5.暖炉は建物内に４か所ある。火が立ち上がりやすくデザインした煙突形状であることに加え、自然の風力を利用した全館換気があるため、室内に煙が流出することはほとんどない。 **6**.かつては加地家の子どもたちの読書スペースだった空間。

吹き抜けの左右は
半個室のライブラリー

KEY **大谷石：**凝灰岩の一種。軽量で加工しやすく、吸水性や耐火性に優れる。意匠、構造の両方でライトが好んだ石材である。

上.2階の展望室。格子模様の戸が眺めを際立たせ、張り出したパーゴラが視線を遠くへ誘う。置かれる椅子は、フランク・ロイド・ライトのデザインのもの。**下**.船底天井《ふなぞこてんじょう》が生む求心性が印象的なダイニング。食後は隣接するテラスへ。エタノール暖炉を囲み、くつろぐうちに夜は深まる。

KEY **全一**：一般的には、完全でまとまりのあることを言うが、遠藤新は、建物、内装、そして周囲の自然も含め、調和がとれていることを指し、加地邸における建築哲学として掲げた。

上左.2階主寝室のデスクスペース。北海道のナラ材を用い、空間に合うようデザイン。上部にはライトが好んで設えたという扉タイプの通気口。**上右**.主寝室に隣接する浴室。三角出窓が愛らしい。**下**.女中室を改装したスパ。当時の梁を残し、地下1階から地上1階まで吹き抜けに。湯道100選に選出。

季節の鎌倉野菜やキャビアなどを
美しい料理の数々

ズワイ蟹を使用した前菜や馬肉やキャビアを使用したタルティーヌ、真鯛の鱗焼きなど。見た目の美しさと口に含んだ美味しさに、思わず笑みがこぼれる。

出張シェフなど、3つのスタイルから選べるディナー

夕食は、ケータリングや備え付けのキッチンで宿泊者自ら調理するほか、出張シェフの利用も可能（料金別途）。写真は、鎌倉のフレンチレストラン「古我邸」で料理長を務めた古川慶顕氏のフレンチコース。キッチンはダイニングと隣接するので、料理を待つ時間も香りや音が五感を刺激。素材や調理法について、シェフとの会話も弾む。

アクセス：JR逗子駅より車約20分（神奈川県三浦郡葉山町一色1706）
電話：044-211-1711
IN：15:00～18:00　**OUT：**11:00
客室数：3室　**お子様：**可
おひとり様：可
一棟貸し（定員6名）：￥363,000～
登録：旧加地邸（国・登録有形文化財）

Hayama Kachitei

神奈川・鎌倉

かいひん荘鎌倉

Kaihinso Kamaukura

国・登録有形文化財

大正13年、富士製紙社長・村田一郎の別邸として建てられた木造2階建ての洋館。

由比ヶ浜の閑静な住宅街。大正築の洋館ホテル。

明治二十二年に横須賀線が開通し、鎌倉に御用邸が建てられ、華族や財界人がこぞって別荘を構えるようになった。由比ヶ浜駅から徒歩1分のかいひん荘鎌倉も、そのひとつ。大正十三年に富士製紙社長の別邸として築かれ、戦後はリゾートホテルとして営業。佐藤栄作元首相の別荘（現・鎌倉文学館）に近く、記者たちの定宿となった。

　建物は当時流行した和風かつ洋館付きの住宅で、数多く設けられたベイ・ウィンドウが特徴だ。純和風なロビーを抜け、洋館部分のラウンジへ。2階まで伸びる円弧状の出窓が配され、急勾配の切妻屋根と美しく調和。立体的な造形が生み出す陰影が、穏やかな鎌倉の風景に溶け込む。鎌倉の洋館に泊まる――心がときめかないわけがない。

洋館1階の宿泊者用ラウンジ。壁一面のベイ・ウィンドウのおかげで、建物奥まで日差しが入る。大正期は応接間、ホテル開業時はダイニングルームとして使用された。

1.ラウンジをはじめ客室でも、照明は建築当初のものをできる限り残している。**2**.階段親柱《おやばしら》には、ゼツェッション風の意匠が。**3**.ラウンジ天井の回り縁。華やかなレリーフが美しい。

KEY

ベイ・ウィンドウ：出窓。張り出した部分が半円形となる場合はボウ・ウィンドウとも呼ばれ、かいひん荘鎌倉の各所にも採用されている。

1日1組限定、
文化財の客室
「らんの間」

文化財に登録されている洋館の2階、リビングダイニング付き客室「らんの間」。戦前の設計でありながら、2つの洋室がつながる間取り。ベイ・ウィンドウからは庭をのぞむ。

5

大正時代の
しつらえが残る
6

庭園付きの客室も
4

4.最大6名まで泊まれる「庭付和室」は２室。用意された履物で庭に出られる。**5**,**6**.和室で唯一、建造当初から残る「和室10畳＋6畳」。欄間の螺鈿細工など大正当時の意匠が残る。

KEY **ゼツェッション：**19世紀末～ 20世紀初頭、オーストリア・ウイーンで起こった芸術運動。ウィーン分離派。セセッション。大正初期の日本にも影響を与え、近代建築運動のきっかけとなったとされる。

7.庭の松の木は、沿岸の防砂林として続く大正期からの役目。**8**.玄関上部の妻壁にはカルトゥーシュの模様。**9**.洋館1階は、大正ガラスの窓とサッシが当初から残る。

下.アメリカから輸入された製紙機部品の一部を灯籠や手水鉢に。創業者の事業が垣間見えて面白い。

鳥のさえずりだけが響く
贅沢な朝時間

洋館ラウンジのモーニングコーヒーは7:30 〜 10:00。美しい意匠に包まれ、朝のひとときを過ごしたい。

コーヒーとともに楽しむ 鎌倉のゆるやかな朝

朝食後には、ロビーで無料のコーヒーサービスが。紙コップでいただくこともできるので、館外に持ち出し、文化財建築を眺めながらの一杯も心地いい。

少し歩けば、由比ヶ浜。朝の清々しい空気のなかゆったりと鎌倉のまち歩きを楽しめるのは、宿泊してこその贅沢だ。

アクセス：由比ヶ浜駅より徒歩約1分（神奈川県鎌倉市由比ガ浜4-8-14）
電話：0467-22-0960
IN：15:00　**OUT**：10:00
客室数：14室　**お子様**：可
おひとり様：不可
1泊2食付き：¥23,100〜
登録：かいひん荘鎌倉（旧村田家住宅）洋館（国・登録有形文化財）

Kaihinso Kamaukura

いつもの街の特別な宿

東京・千葉・埼玉

- 佐原商家町ホテル NIPPONIA
  （千葉・佐原）

  文化財のまちあるき［佐原］
- NIPPONIA秩父 門前町
  （埼玉・秩父）

  文化財のまちあるき［秩父］
- 東京ステーションホテル（東京・丸の内）
- ホテル雅叙園東京（東京・目黒）
- 鳳明館（東京・本郷）

千葉・佐原

佐原商家町ホテル NIPPONIA

Nipponia Sawara Merchant Town Hotel

国・選定重要伝統的建造物群保存地区

東北と江戸を繋ぐ舟運の拠点として栄えた佐原。関東で初めて、重要伝統的建造物群保存地区に選定された。

江戸の情緒残る水運の町、佐原に泊まる。

「お江戸見たけりゃ佐原へござれ 佐原本町 江戸まさり」と唄われた、千葉県香取市。江戸時代中期から水運で栄え、その繁栄ぶりは江戸をしのぐほどだったという。今も小野川沿いには、町家や土蔵、洋風建築が並び、重要伝統的建造物群保存地区に選定された美しい水郷は当時の豊かさを物語る。

佐原商家町ホテル NIPPONIAは、この町の歴史ある建物を、客室やカフェ、レストランとして修復、再生した宿泊施設だ。かつて味醂蔵だったKAGURA棟でチェックインを済ませたら、江戸時代から残る商店で買いものをしたり、安政2年築の中村屋商店だったVMGカフェで一服するのもいい。まち全体をテーマパークのように満喫できる、他にはない滞在が魅力である。

1.県指定文化財の中村屋商店は、カフェとして営業中。正面の格子窓や軒下に張り出した船枻 など、格式あるつくりが見られる。**2,5**.カフェの1階。ハーブティーやモンブランが人気（P.122）。**3**.階段上に飾ってある古い物入れ。**4**.2階は一部畳敷きのテーブル席。

KEY
船枻《せがい》：和船の両側に張り出した部分を言い、建築においては、1階よりも張り出した2階部分を腕木で支え、小板を張った構造を指す。格式のある民家や神社などにしか許されなかったとされる。

江戸時代の質屋の
蔵を客室に

6, 7, 8. 江戸から明治期にかけて、穀物商・質商を営んでいた名家、清宮利右衛門邸の質蔵を改築した客室「VMGプレミア・301・SEIGAKU棟」。檜風呂付きの95㎡一棟貸しで、２階の寝室には立派な梁が残り、当時の暮らしや佐原の歴史を伝える資料も置かれている。

元は白みりんを
絞っていた味醂蔵

9 ,10. 創業300年超の地元酒造・馬場本店酒造（P.123）の味醂蔵を、フロント兼レストランに改修した「KAGURA棟」。バーでは夕食前後に利き酒が楽しめる。

KEY **香取市と文化財：** 小野川沿いや香取街道沿いには、伊能忠敬旧宅ほか8件の県指定文化財が軒を連ねる。計2,345点を有する伊能忠敬関係資料（伊能忠敬記念館）は国宝に指定されている。

restaurant colmun

メインはブランド牛
「かずさ和牛」

牛肉はもちろん、シンプルな焼き野菜も旨味が引き立つ、味わい深い一皿だ。赤ワイン風味のもろみ味噌、じゃがいものピューレ、酒粕を和えたソースを添えて。

アクセス：JR佐原駅よりタクシー約4分（フロント棟「KAGURA」：千葉県香取市佐原イ1708-2）
電話：0120-210-289（VMG総合窓口受付）
IN：15:00〜20:00　OUT：12:00
客室数：14室　お子様：可
おひとり様：可
1泊2食付き：¥49,830〜
登録：香取市佐原（国・選定重要伝統的建造物群保存地区）、中村屋商店（県・指定有形文化財）

地元の発酵食品を生かした創作フレンチ

地下水に恵まれ、醸造業が発展した佐原。夕食は、発酵や醸造を生かしたフレンチ料理をコース仕立てで。地元・佐原の野菜にこだわり、海産物は千葉県の漁港から厳選。メインでは千葉が誇るブランド牛「かずさ和牛」を堪能できる。元味醂蔵を改築したレストランで、佐原の日本酒と料理のマリアージュを楽しみ、土地の魅力を存分に堪能したい。

Nipponia Sawara Merchant Town Hotel

文化財のまちあるき

#02

小野川沿いには、江戸末期から昭和初期の町家や洋風建築が並び、今も変わらぬ賑わいを見せている。宿泊者限定の「VMGパスポート」を手に、風情ある街をそぞろ歩いてみては。

① 油茂製油

創業390年。現存する国内最古の油製造・販売店。伝統の「玉絞め」製法で作るごま油は香り豊か。明治25年築の商家建築。

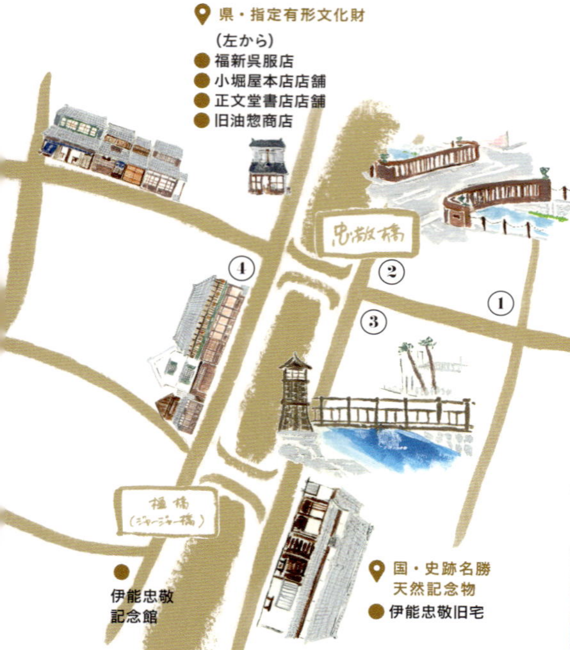

③ 植田屋荒物店

1759年創業。明治26年築店舗兼住宅。食器や布ものなど日用品等を扱う。明治初期築の土蔵の見学可。

県・指定有形文化財

④ VMG CAFE

安政2年築の建物を利用したカフェ。自家製の生絞りサツマイモモンブランや甘酒のかき氷が人気。▶ p.123

⑦ 馬場本店酒造

創業300年以上。敷地内には、明治30年築の煉瓦造り煙突や幕末の本蔵が残る（一部見学可）。約160年変わらぬ最上白味醂や、勝海舟の逗留にちなんだ大吟醸「海舟散人」など、試飲や購入が可能。

② 大高園

「一服一銭」の看板を掲げ1765年創業。伊能忠敬愛飲の味を再現した茶葉「忠敬好み」はとくに人気。試飲や詰め放題も。

⑥ SEIGAKU棟

江戸時代から穀物商・質商を営んでいた佐原の名家「清宮利右衛門邸」を利用した2棟2室の宿泊棟。▶ p.124

⑤ YATA棟

明治期の元製綿業の商家「みのじ屋」を改修した宿泊棟。商家造りの母屋、土蔵、倉庫の3棟それぞれを客室に。

NIPPONIA 秩父 門前町

NIPPONIA chichibu Monzenmachi

国・登録有形文化財

埼玉・秩父

石畳が続く「番町通り」。秩父神社へと伸びる表参道として栄え、今も大正から昭和初期のモダン建築が並ぶ。懐かしいまちなみには暮らしが息づき、穏やかな時が流れる。

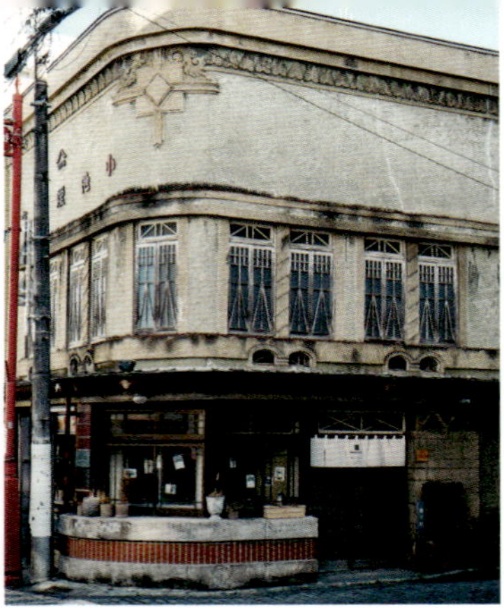

上.「KOIKE・MIYATANI棟」として生まれ変わった元小池煙草店は、昭和初期に建てられた木造2階建て。通り側の壁を高く立ち上げ、背面は鉄板葺《てっぱんぶき》の片流れ屋根を架けた看板建築。コーニス・モールディングや窓周りの縁取りなど装飾性に富んでおり、是非ぐるりと見てまわりたい。

昭和初期の看板建築に泊まる。

秩父は自然豊かな山々に囲まれ、創建二千年を超える秩父神社を抱える「門前町」、山梨と結ぶ古道・秩父往還《おうかん》の周辺「宿場町」、秩父銘仙《めいせん》を生んだ「市場町」として栄えた。

門前町には、大正から昭和初期の建物が今も点在する。それをホテルとして蘇らせたのが、NIPPONIA秩父門前町。客室はどれも元商店や蔵をリノベーションした空間だが、なかでも商店街の角地に建つ元小池煙草店「KOIKE・MIYATANI棟」は、レトロな外観から心ときめく宿泊棟だ。

客室は、専用階段を上がった二階にある。元店主の住居だったという大きなワンフロアで、幾何学模様のような窓枠も、見れば見るほど愛おしい。池袋から特急で80分。いつもの週末をちょっと特別にしたい日にぜひ訪れたい。

上.店主世帯の居住空間だった2階を客室にリノベーション。**1**.ゆるいL字で繋がる廊下には当時からの窓が残る。建物の隅を丸めたつくりがよくわかる。**2**.水まわりなどはすべて改装。全室檜風呂という贅沢さ。**3**.建築当時の家具が残る。急なつくりの階段（写真右手前）も当時の建築の特徴だ。

1

2

3

KEY

看板建築：関東大震災からの復興後に登場した木造の商店建築で、建物の正面に銅板やタイル、モルタルなどを張り、装飾と防火対策を図ったもの。

4

5

6

ひとつとして同じ空間はない客室。広々とした土間が特徴的なメゾネットタイプや、蔵造りの一棟貸切タイプも。**4**,**6**.202「KOIKE・MIYATANI棟」 **5**. 201「KOIKE・MIYATANI棟」 **下**.102「MARUJU棟」

KEY

コンバージョン：建築においては、既存建物を解体せず、用途変更して再利用する手法を指す。本書では、商店建築や蔵などを宿泊施設にした事例をいくつか紹介している（P6,P116,124）。

羽釜で炊くつやつやごはん！
お米、味噌、漬物も秩父産

埼玉県産「秩父きゅうり」のジビエ味噌掛け、ブランド豚「武州豚」のベーコンなど、ごはんが進む品ばかり。

羽釜の炊きたてごはんと地産のおかずで朝食を

宿の朝ごはんは旅の楽しみのひとつ。NIPPONIA 秩父 門前町では、一組ずつ羽釜で炊き上げたつやつやのごはんに、秩父名物の漬物「しゃくしな」、地産高級卵「彩美卵のたまご焼き」など、味も食感もさまざまなこだわりの小鉢が十二種ずらりと並ぶ。おいしいものを少しずつ味わう贅沢に、朝から気分が上がりそう。

アクセス：西武鉄道・西武秩父駅より徒歩約15 分（フロント「MARUJU棟」：埼玉県秩父市宮側町17-5）
電話：0494-53-9230
IN：15:00 ～ 21:00　**OUT：**11:00
客室数：8 室　**お子様：**可
おひとり様：可
1泊2食付き：￥20,000 ～
登録：小池煙草店（国・登録有形文化財）

文化財のまちあるき #03

秩父神社の参道である番場通りや、国の登録有形文化財の木造が立ち並ぶ黒門通りなど、個性的な建築やお店が集まる。日本酒やウイスキーなど地酒に出会えるスポットも多い。

国・登録有形文化財

② 秩父ふるさと館

大正時代の銘仙問屋「柿原商店」の店舗・母屋を利用した観光案内所。郷土料理や手打ち蕎麦などの飲食店も。

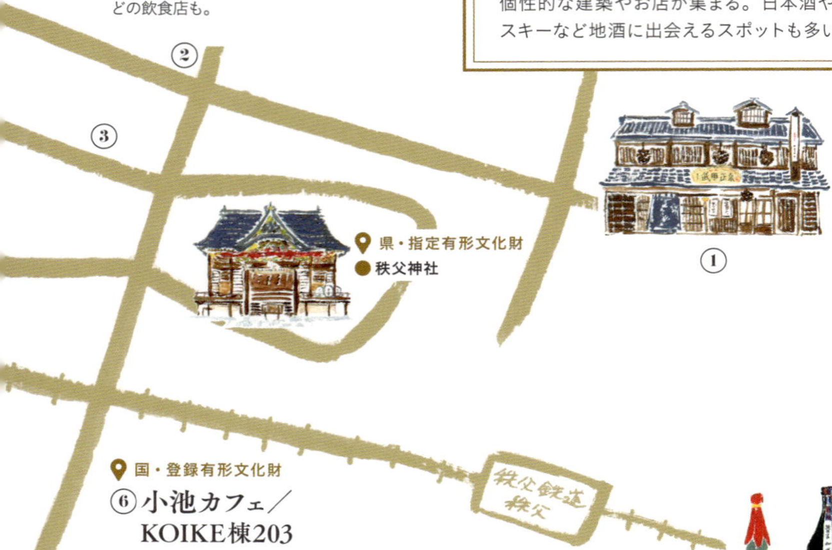

国・登録有形文化財

⑥ 小池カフェ／KOIKE棟203

1階：旧小池煙草店の店舗を改装したカフェ。埼玉県産の大豆を使ったスイーツや秩父地方のお茶などを提供。2階：客室。▶ p.123

国・登録有形文化財

① 武甲酒造

江戸中期・宝暦三年創業以来の店舗の中には、「平成の名水百選」に選定された「武甲山伏流水」で作られた日本酒の数々。

国・登録有形文化財

⑤ パリー食堂

昭和2年にカフェーとして開業し、現在も食堂を続ける秩父の名店。創業当時から味を受け継ぐオムライスやメロンソーダなど。

国・登録有形文化財

④ snob

大正15年の旧大月旅館別館が、今はカクテルバーとして営業。いわゆる看板建築で、柱型や壁面装飾が愛らしい。

国・登録有形文化財

③ 泰山堂カフェ

昭和前期の秩父銘仙出張所を改修。店名は隣の印章店の屋号を受け継ぎ、当時の梁や磨りガラスが残る。

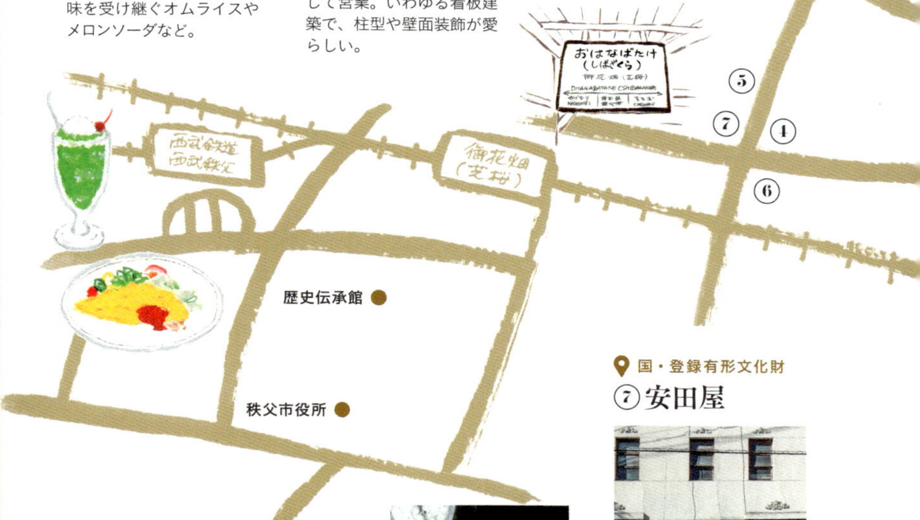

国・登録有形文化財

⑦ 安田屋

創業大正5年。洋風意匠を取り入れた看板建築。肉味噌漬けのほか、昼頃完売する日も多いコロッケやメンチカツが人気。

国・登録有形文化財

⑧ ちちぶ銘仙館

秩父銘仙の資料館。昭和前期の旧埼玉県繊維工業試験場秩父支場本館で、大きな玄関ポーチやF.L.ライト風の外観が見どころ。

東京・丸の内

東京ステーションホテル

Tokyo Station Hotel

国・指定重要文化財

 1914年に完成した駅舎。2003年国の重要文化財に指定され、保存・復原工事を経て今は創建当時の姿に。

1.ドームサイドコンフォートキングの一室。窓からは駅のドームをのぞむ。 2.フランスの香水ブランド「イストワール ドゥ パルファン」とコラボしたアメニティは、ホテルの歴史をイメージしたオリジナルの香り。

重要文化財の駅舎に泊まる、唯一無二の体験。

近代日本を代表する建築家・辰野金吾設計の東京駅・丸の内駅舎。煉瓦を主体とする建造物では国内最大規模とされる。戦火では大被害を受けながらも、数日で駅舎機能を再開。二〇〇三年には、国の重要文化財に指定され、元来の姿を取り戻した。

　その歴史ある駅舎の三分の二を占めるのが、東京ステーションホテルだ。エントランスに入ると、重厚な外観から一転し優雅な空間が広がる。現フロントには、当時まだ珍しかったエレベーターがあったという。

　主に二階・三階に位置する客室のなかでも、ドームをのぞむ部屋は特に人気だ。カーテンを開ければ、創建当初のレリーフに手が届きそうなほど近くにある。この贅沢な空間を独り占めできる喜びを味わいたい。

KEY

辰野金吾（1854～1919）：近代日本を代表する建築家の一人。現存する作品として日本銀行本店や東京駅などがある。

ドームには、駅舎らしい車輪のモチーフやクレマチスの装飾が。グレーの部分は100年前のオリジナル。

3.エントランスホール。**4**.全長355mの南北に伸びる廊下。迷わないよう、ランプの色でエレベーターの位置を知らせる。**下**. 館内に散りばめられたクレマチスの文様は、ドームのレリーフをデザイン化したもの。花言葉は「旅人の喜び」。照明や床、扉付近に隠れた意匠を探しながら巡るのも楽しい。

5.ゲストラウンジでは、覆輪目地で組まれた創業当時の赤煉瓦の一部も見られる。**下**.館内はまるで美術館。創業時の駅舎を支えた1万1,000本の木製杭（**左**）やドームの石膏レリーフ（**中**）、駅や鉄道にまつわる資料（**右**）など。

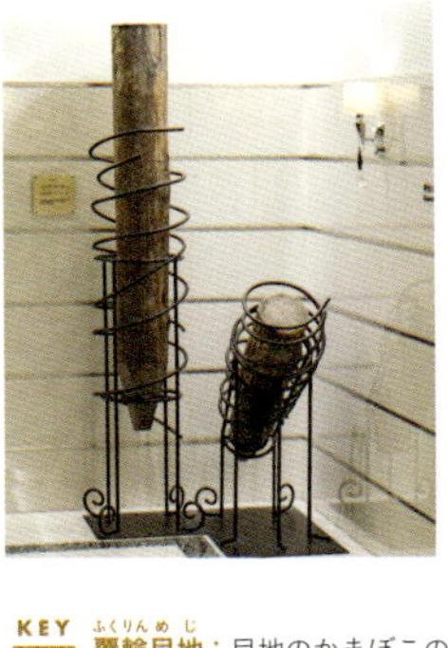

KEY **覆輪《ふくりん》目地《めじ》：**目地のかまぼこのように盛り上げ、断面が半円形になるよう整える方法。目地の際を強調し、建築全体を柔らかい印象に見せるとされる。

天井高最大9mの宿泊者専用のゲストラウンジ「アトリウム」は、駅舎の元屋根裏。復原工事に伴い大きな天窓を設置し、明るく開放感あふれる。

restaurant colmun

アボカドとスモークサーモンの
エッグベネディクト

いちばんの人気はシェフが目の前で作る卵料理。ホテルオリジナルのエッグベネディクトや、オムレツなど。

100種以上が並ぶ
宿泊者限定の朝食ブッフェ

宿泊者だけが利用できる、アトリウムでの朝食ブッフェ。和洋や季節限定の一皿、スイーツまで百種類以上が並ぶ贅沢な内容だ。シェフが目の前で仕上げる卵料理のほか、江戸時代に人気を博した「雪消飯(ゆきげめし)」など、江戸や東京をテーマにしたメニューも魅力。爽やかな朝日が降り注ぐ空間で、特別な一日の始まりを迎えたい。

住所：JR東京駅丸の内南口改札直結
（東京都千代田区丸の内1-9-1）
電話：03-5220-1111
IN：15:00 OUT：12:00
客室数：150室 お子様：可
おひとり様：可
1泊朝食付き：¥97,280〜（1名1室利用時1名分）
登録：東京駅丸ノ内本屋（国・指定重要文化財）

Tokyo Station Hotel

東京・目黒

ホテル雅叙園東京

Hotel Gajoen Tokyo

都・指定有形文化財

昭和10年築の旧目黒雅叙園3号館は、地形に沿って趣の異なる7室が階段で結ばれており、宴会場として使われていた。

KEY

漁樵問答《ぎょしょうもんどう》：漁師と樵（木こり）が互いの天分について語り合う中国の詩、画題。立場が異なるため話が噛み合わない様子を、本作は人物の顔つきや姿勢、背景でも表現している。

1

2

3

中国の詩（漁樵問答）をテーマにした「漁樵の間」。左右の床柱《とこばしら》は画家・尾竹竹坡の図案を、彫刻家・盛鳳嶺が彫刻。樹齢約300年の檜が使われ、各々一本の木から掘りあげている。**1**.正面に向かって左は、浜辺に立つ漁師の親子。**2**.草花の立体感も見事。**3**. 正面に向かって右は、木こりの親子。

4,5.横山大観と並ぶ近代画家・荒木十畝《あらきじっぽ》が天井画を描いた「十畝の間」。柱、鴨居、格縁 、長押《なげし》、床脇、框など隅々まで螺鈿細工を施している。6,7.四季折々の田園や海辺の風景をパノラマ画のように描いた「草丘の間」。天井の格子には秋田杉を使用。障子建具は繊細な面腰の組子。

KEY
螺鈿《らでん》：夜光貝などの貝殻の光沢部分を薄く切り出し、貼り付けて模様をつくる装飾技法

上.階段を上りきった脇は「頂上の間」。天井画等を当初依頼していた西村五雲《にしむらごうん》が完成前に他界したため、松岡映丘《まつおかえいきゅう》門下生が仕上げた。床柱には貴重な黒柿を使用。

絢爛豪華な美術品を浴びるようにホテルステイ。

ホテル雅叙園東京の前身は、昭和六年、大衆に開かれた料亭として開業した「目黒雅叙園」だ。創業者・細川力蔵が、戦時の不安定な世相の中、行き場を失いかけた名だたる芸術家たちを集め、空間の隅々まで装飾。その煌びやかさから「昭和の竜宮城」と称された施設だった。

建物として唯一現存するのが、東京都指定有形文化財「百段階段」。九十九段の階段に連なる七つの部屋には、荒木十畝や鏑木清方ら錚々たる画家の作品が残る。

ホテル棟には、当時の建物を彩っていた絵画や彫刻をはじめ、約二千五百点の美術品を随所に移設。宿泊者限定の雅叙園アートツアーや、モーニングヨガなどアクティビティも充実。芸術に包まれる滞在は、まるで夢のようである。

どこを歩いても美術館のよう

8.客室階のエレベーター扉にも螺鈿細工が。到着を知らせるランプ部は扇形。**9**.正面玄関先の回廊には、旧目黒雅叙園の2号館にあった彩色木彫板を移築している。

客室階に着くと、パブリックスペースとはうってかわって静の空間。「和敬清心」をテーマとした全60室が80㎡以上で、スチームサウナ＆ジェットバスを完備。ゆったりとした滞在が叶う。窓から富士山が見える客室も。

旧目黒雅叙園の玄関を再現した、4階の和室宴会場玄関や欄間。**10,11**.室内も、隙間がないほどの美術品で埋め尽くされる。**12,13**.入口の扉や壁には螺鈿細工、天井には大名行列や大奥の年中行事を表した木彫。木彫は、東京都指定有形文化財「百段階段」の「漁樵の間」と同じ尾竹竹坡《おたけちくは》と盛鳳嶺《さかりほうれい》による 。

中国料理「旬遊紀《しゅんゆうき》」の特別個室のうち2室は、ジョサイア・コンドル設計の旧岩永邸を移築した空間。**14**.出窓が特徴的な「南風」。**15**.益田玉城による美人画が壁を飾る「玉城《ぎょくじょう》」。回転テーブルは、国内で現存最古と言われる。

KEY

ジョサイア・コンドル（1852-1920）：明治10年明治政府の招聘に応じて来日。帝室美術館（東京国立博物館旧本館）や鹿鳴館、開拓使物産売捌所（日本銀行旧本店）などの設計を手掛ける。

二十四節気に基づき、
旬の食材を取り入れた料理

ディナーコースより、前菜盛り合わせ、春菊ワンタン入りつゆそば、特製窯焼き北京ダック。特別個室「玉城」は、室料¥8,800、メニューは鈴蘭￥9,350～利用できる。

現存最古の回転テーブルで愉しむ中国料理

七つあるレストランのなかでも、ひときわ個性的な空間、中国料理「旬遊紀」。とくに、特別個室「玉城」の回転テーブルは必見。艶やかな螺鈿細工の卓上には、自然とついた小傷や煙草の焦げ跡も残る。

料理は、食医同源の思いを込めたヘルシーかつ本格的な品々。とくに香ばしい北京ダックは、口に入れた瞬間思わず頬が緩む。

アクセス：目黒駅より徒歩約5分（東京都目黒区下目黒1-8-1）／※無料送迎バス有（予約不要）
電話：03-3491-4111
IN：15:00　**OUT：**12:00
客室数：60室　**お子様：**可
おひとり様：可
1泊朝食付き：￥54,500～
登録：百段階段（都・指定有形文化財）
※2025年10月1日より一時休館。チェックアウトは9月30日まで

Hotel Gajoen Tokyo

東京・本郷

鳳明館

Homeikan

国／登録有形文化財

東京帝国大学等の開校で多くの学生が集まり、都内随一の下宿街として発展した本郷。明治中期、岐阜県西濃地方出身者が下宿屋を開業し、同郷者への開業支援や木材の共同購入等を通じて発展に寄与したとも。全3館から成る鳳明館は、本郷の下宿・旅館の歴史を今に伝える貴重な建物だ。写真左下は森川別館。

関東大震災や東京大空襲を乗り越え、2000年に国登録有形文化財に登録された本館。1898年に下宿屋として建てられた。コロナ禍が長引くなか、廃業やマンションへの建て替えも予定されたが、地元有志の支えや地元企業による事業継承により存続が決まった。

学生の町・本郷で愛された全3館の和風旅館。

「本郷は、かつて東京最大の下宿街だったんですよ」と語る女将の大曽根さん。明治期に五百軒以上の下宿屋が並び、戦後は修学旅行等の団体客を迎える旅館街として賑わった。しかし今なお営業を続けるのは、わずか四館。そのうちの三館を有する鳳明館は、本館、台町別館、森川別館から成り、往来の趣を色濃く残す貴重な建築だ。

とくに築百二十年を超える本館は、創業者の〝普請道楽《ふしんどうらく》〟により二十種類以上の銘木が使用され、遊び心に富んでいる。床柱や欄間、天井の張り板はもちろん、玄関や階段にいたるまで、まるで変木の美術館のようだ。二〇二五年現在、大規模修繕工事を控え、デイユースのみの営業だが、また泊まれる日が訪れることを願わずにはいられない。

KEY
変木《へんぼく》：変わった形をした木、木材のこと。野趣あふれる姿を生かし、床柱や飾り柱、輪切りして天板などに利用される。榁《むろ》や松、良母 など樹種は様々

本館「ゑびすの間」。部屋名は、障子で鯛を釣るゑびす様から。その脇には末広《すえひろ》（礼装用の扇子）型の墨跡窓《ぼくせきまど》。天井には、同じく末広がりの意味をもつ傘を模した装飾がある。床柱はザクロの変木。末広がり、豊漁の神、豊穣の意味をもつ材木と、なんとも縁起のいい取り合わせ。

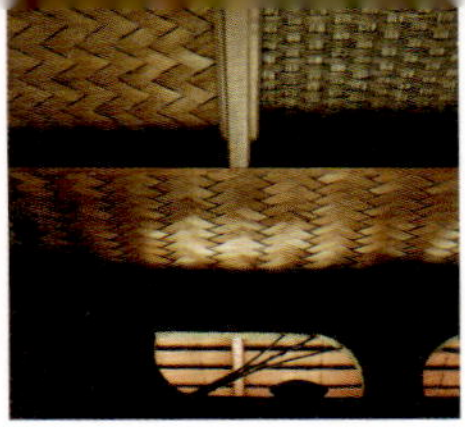

本館「五月の間」。床柱は縁起物の亀甲竹《きっこうちく》。孟宗竹の棹が亀の甲羅のように変形したもので、建材としても珍重される。天井は網代天井だが、編み目の向きや、素材の種類、大きさを様々に組み合わせている。

ケヤキの床柱、紅葉の框、サルスベリの落とし掛けなど、三館随一の意匠を凝らした床の間が見どころ。

本館の龍宮風呂。亀に鯛、河豚など色鮮やかなデザインのタイル貼り空間は圧巻。底が深めの浴槽も時代を感じさせる。

1.本館。狭い路地に、まるで時間が止まったかのような外観で客を迎える。2.ロビー正面の太い柱は、木の皮のように掘られた独特の意匠。3.館内には銘木が各所に。踊り場の腰壁には、樹齢を重ねた木材の装飾が。

本館から徒歩約5分の「森川別館」

4

昭和30年代前半、本多家江戸屋敷のあった土地に修学旅行客などを受け入れる旅館として建てられた森川別館。**4**,**5**.大名屋敷の名残りを感じる前庭や、団体客を受け入れる広いロビーや廊下が特徴。**6**.設計当時、文学や漫画でモチーフにされていた河童の細工。**7**.愛らしいタイルのローマ風呂。

6

5

7

KEY 墨蹟窓《ぼくせきまど》：茶室などの床の間の脇壁に開けた下地窓。床に掛けた墨蹟や花を見やすくするための窓とされ、花明かり窓、掛物窓などとも呼ぶ。

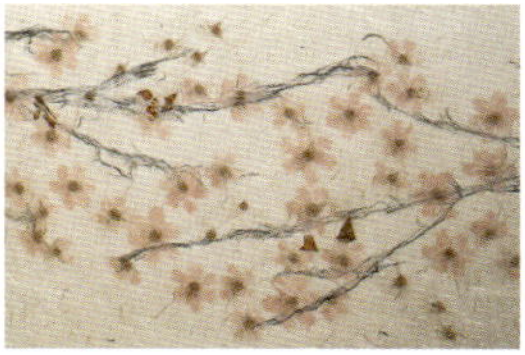

森川別館「弥生の間」。廊下から2段上がる特別室で、団体旅行時は、校長や団長が宿泊した格式高い部屋。障子の彫りものや襖絵は桜で統一され、繊細ながら華やかな一室だ。

台町別館は都の選定歴史的建造物

東京都選定歴史的建造物の台町別館。1951年、創業者の自宅として建てられ、その後旅館に。広々とした池のある庭園が魅力。2025年現在、一時閉館中。

アクセス：本郷三丁目駅より徒歩約9分（本館：東京都文京区本郷5-10-5）
電話：03-3811-1181（本館）
客室数：25室（本館）
お子様：可
おひとり様：可
登録：本館（国・登録有形文化財）
※2025年現在、2館のみデイユース利用可能。予約・問合せ：info@homeikan.com

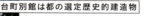

著：**偏愛はな子**

トラベルライター。古いまちなみや建物、ホテルが好きな旅する綴り手。旅館運営会社や不動産会社、文化財ホテルのマーケティング職などを経験。ホテル・旅好きが高じて、現在は全国の旅先や東京散歩スポットをSNSで発信中。日本全国のまだ知られていない地域の魅力を、たくさんの人に伝える。
X（旧Twitter）：@henai_hanako

文化財に泊まる。

2025年4月23日　初版第1刷発行
2025年6月 9日　　　第2刷発行

著　　者　偏愛はな子
発 行 者　三輪浩之

発 行 所　株式会社エクスナレッジ
　　　　　〒106-0032　東京都港区六本木7-2-26
　　　　　https://www.xknowledge.co.jp/

問合せ先　編集　TEL：03-3403-5898
　　　　　　　　FAX：03-3403-0582
　　　　　　　　MAIL：info@xknowledge.co.jp
　　　　　販売　TEL：03-3403-1321
　　　　　　　　FAX：03-3403-1829

無断転載の禁止
本誌掲載記事（本文、図表、イラスト等）を当社および著作権者の承諾なしに無断で転載（翻訳、複写、データベースへの入力、インターネットでの掲載等）することを禁じます。